通常の学級でやさしい学び支援

改訂 読み書きが苦手な子どもへの〈漢字〉支援ワーク

令和6年度版 教科書対応

光村図書 5年

◇ **読めた！書けた！**漢字って簡単でおもしろい！
◇ 漢字の特徴をとらえた**新しいアプローチ！**
◇ **教科書**の新出漢字が楽しく学習できる**ワークプリント集**

竹田契一 監修　村井敏宏・中尾和人 著

明治図書

はじめに

平成十九年から全国の小中学校で一斉に開始された特別支援教育。それは、子どもたち一人ひとりがどこでつまずいているのかをしっかり把握し、その子の学び方に応じて支援をしていくという新しい教育プログラムのスタートでした。中でも読み書きが苦手な子どもたちへどのように支援していくかが大きな課題でもありました。

しかし発達障害が背景にある読み書きが苦手な子どもの場合、単なるケアレスミス、うっかりミスで出来ないのではなく、聴く力では音韻認識の弱さ、見る力では視空間処理の弱さなど大脳機能が関係する中枢神経系の発育のアンバランスが原因であることが多いのが特徴です。この場合、「ゆっくり、繰り返し教える」という学校、家庭で使われている一般的な方法では、その効果に限界がみられます。

この〈漢字〉支援ワークは新しい教科書に合わせた内容になっており、しかも教室で教わる順番に漢字学習ができるようにセットされています。またこのワークは著者の村井敏宏、中尾和人両先生方のことばの教室での長年の経験を通して子どもたちの認知特性に合わせた貴重な指導プログラムの集大成となっています。左記のような「つまずき特性」を持った子どもに対してスモールステップで丁寧に教える〈漢字〉支援のワークシートとなっています。ぜひご活用ください。

1. 読みが苦手で、読みから漢字を思い出しにくい。
2. 形を捉える力が弱く、漢字の形をバランス良く書けない。
3. 「視機能、見る力」が弱く、漢字の細かな形が捉えられない。
4. 多動性・衝動性があるため、漢字をゆっくり丁寧に書くことが苦手。
5. 不注意のために、漢字を正確に覚えられず、形が少し違う漢字を書いてしまう。

漢字が苦手な子どもは、繰り返し書いて練習するだけでは覚えていけません。一人ひとりの特性に応じた練習方法があります。〈漢字〉支援ワークを使ってつまずきに応じた練習をすることにより、自分の弱点の「気づき」につながり、「やる気」を促します。

読み書きが苦手な子どもが最後に「やった、できた」という達成感を得ることが出来ることを願っています。

監修者　竹田契一

もくじ

はじめに　3

ワークシートの使い方　6

資料　漢字パーツ表　8

1 学期

（教科書　光村図書5年・20〜98ページ）　9

像経情象絶厚賞状喜解容技術適許可複構桜銅破
修復眼停祖準備貿易際潔質報告属確識因造似限
留現接応勢河歴史幹招句常序武士資査性非総測
舎往演刊肥製謝罪暴防鉱績志航夢編険断境態逆
判圧

1　かくれたパーツをさがせ　10

2　漢字足し算　25

3　足りないのはどこ（形をよく見て）　36

4　漢字を入れよう　43

2 学期

（教科書　光村図書5年・105〜187ページ）　55

得比政興示張個支迷在独弁検提寄余仏貸効条件
保評賛妻混雑略採禁能過程豊布減護再増証責
任統酸設授紀財脈織築旧規則貯型液基額故婦
救格職移墓義殺貧版述仮

3 足りないのはどこ（形をよく見て）79

4 漢字を入れよう 85

3学期 （教科書 光村図書5年・196〜242ページ）95

飼綿居永久毒営犯講師精慣囲益災枝費税制衛耕
損粉均輸団務快燃率領導堂

1 かくれたパーツをさがせ 96

2 漢字足し算 102

3 足りないのはどこ（形をよく見て）107

4 漢字を入れよう 110

答え

115

＊本書の構成は、光村図書出版株式会社の教科書を参考にしています。

＊教材プリントは、自由にコピーして教室でお使いください。

＊学習者に応じて**A4サイズに拡大**して使用することをおすすめします。

ワークシートの使い方

この本には、『通常の学級でやさしい学び支援3、4巻 読み書きが苦手な子どもへの〈漢字〉支援ワーク』に掲載されている4種類のワークについて、5年生の教科書で教わる193字の漢字すべてを収録しています。

1 かくれたパーツをさがせ

字の一部が隠された漢字を見て、正しい部首やパーツを書き入れるワークです。「『脈・肥』は体に関係しているから『にくづき』」「『月（にくづき）』の形は『肉』からきている」というように、部首の意味や形にも注目して書いていけるように支援してください。思い出しにくい場合には、8ページの「漢字パーツ」表を拡大して見せて、いくつかの中から選ばせることも有効な支援です。

下の文章には、問題の漢字だけでなく、既習の漢字も書き入れるワークになっています。

2 漢字足し算

2～4個の部首やパーツを組み合わせてできる漢字を考えさせるワークです。部首やパーツの数が多くなると、その配置もいろいろな組み合わせが出てきます。部首やパーツは筆順通りに並んでいるので、書くときのヒントにしてください。わかりにくい場合には、□を点線で区切って配置のヒントを出してあげてください（左図）。

配置のヒント例

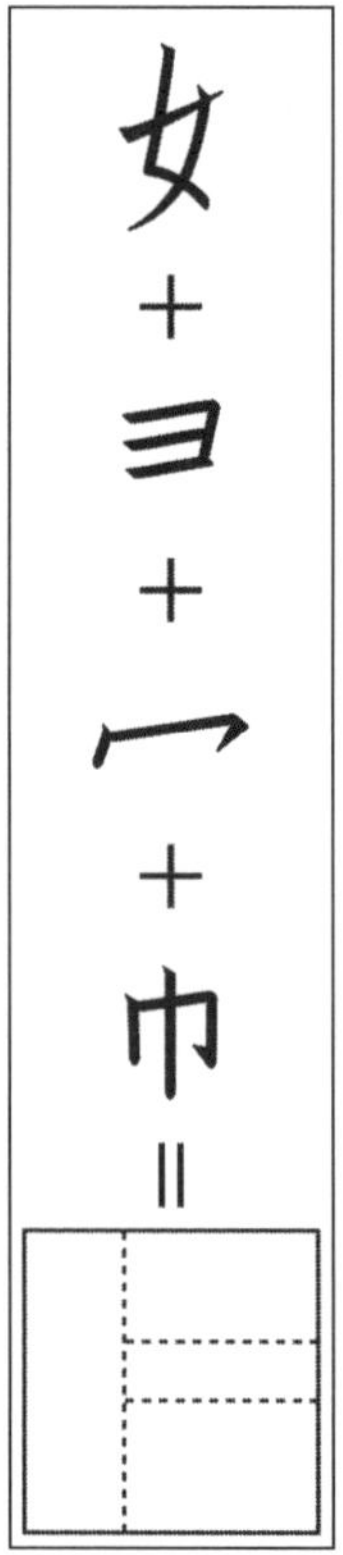

漢字を書いた後に、「『おんなへん』の横に『ヨ』『わかんむり』『はば』で『婦人のフ』」のように式と答えを唱えさせるとよいでしょう。

3 足りないのはどこ（形をよく見て）

部分的に消えている熟語の足りない部分を見つけて、正しく書いていくワークです。（一部、熟語ではないものも含まれています。）

熟語の漢字の両方に足りない部分があります。線の数や細かい部分にも注意させてください。読みの苦手な子どもには、自分で書いた熟語だけを見せて、読みの練習もさせるとよいでしょう。

子どもによっては知らない熟語も含まれています。子どもに意味を説明させたり、どんな風に使われるかの例を示してあげることも語いを増やしていくことにつながります。

熟語として漢字を覚えていくことは、読解の力をつけるとともに、生活に活きることばの学習につながります。

4 漢字を入れよう

文を読み、文脈から漢字を推測して書いていくワークです。

漢字の読み方は文章の流れで決まってきます。そのため、文章を読む力が漢字の読みの力につながってきます。

ワークの左端には、□に入る漢字をヒントとして載せています。はじめはヒントの部分を折って、見ないで書かせましょう。また、漢字が苦手な子にはヒントを見せて選んで書く練習をするなど、子どものつまずきに合わせて使い分けてください。

漢字パーツ　5年生

亻	ぎょうにんべん
犭	けものへん
阝	こざとへん
丬	しょうへん
扌	てへん
忄	りっしんべん
片	かたへん
ネ	しめすへん
月	にくづき
火	ひへん
衤	ころもへん
禾	のぎへん
米	こめへん

耒	すきへん
耳	みみへん
車	くるまへん
角	つのへん
金	かねへん
𩙿	しょくへん
刂	りっとう
干	かん・いちじゅう
寸	すん
巾	はば
斤	おのづくり
文	のぶん・ぼくにょう
殳	るまた

艮	こんづくり
豕	いのこ・ぶた
隹	ふるとり
頁	おおがい
𠆢	ひとやね
罒	あみがしら
勹	つつみがまえ
戈	ほこがまえ
厂	がんだれ
尸	しかばね
广	まだれ
支	しにょう
辶	しんにょう

1学期

1

かくれたパーツをさがせ　1

かんがえるのって　おもしろい／銀色の裏地①

月　日

名前

かくれたパーツをさがして、完成させよう。

① □《ゾウ》

□《みらい》を□《そうぞう》する。

② □圣《ケイ》

□《けいけん》から□《かんが》える。

③ □青《ジョウ》

□《あいじょう》を□《かん》じる。

④ □《ショウ》

□《きしょうだい》の□《しごと》。

⑤ □色《ゼツ》

□《ぜったい》に□《か》つ。

⑥ □《あつ(い)》

□《あつ》い□《ほん》を□《よ》む。

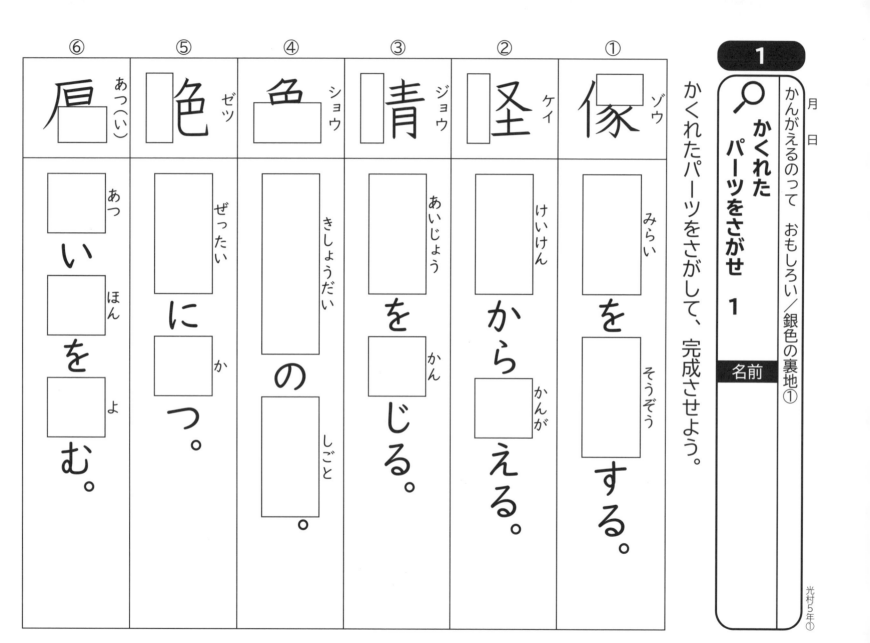

月　日

かくれたパーツをさがせ　2

名前

かくれたパーツをさがして、完成させよう。

① □《ショウ》

□《やきゅう》大会で□《にゅうしょう》。

② □《ジョウ》

□《いちい》の□《しょうじょう》。

③ □《よろこ(ぶ)》

□《か》って□《よろこ》ぶ。

④ □《カイ》

□《はなし》を□《りかい》する。

⑤ □《ヨウ》

□《ないよう》を□《かんが》える。

⑥ □《ギ》

□《とくぎ》を□《はっぴょう》する。

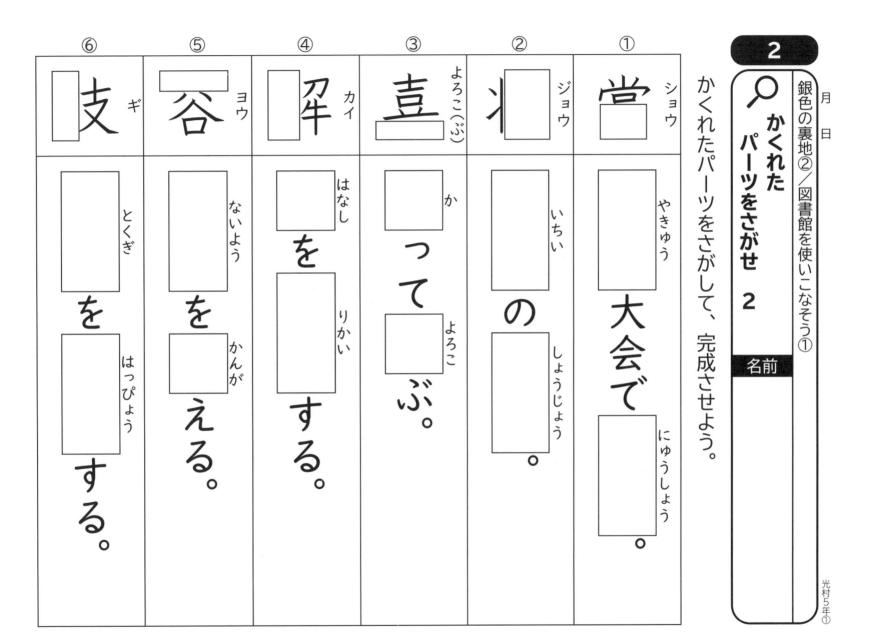

月　日

図書館を使いこなそう②

3

かくれたパーツをさがせ　3

名前

かくれたパーツをさがして、完成させよう。

① 彳□亍《ジュツ》
□《め》の□《しゅじゅつ》をする。

② 適《テキ》（□）
□《てきせつ》な□《つか》い□《かた》。

③ □午《キョ》
□《とっきょ》を□《と》る□《はつめい》。

④ □丁《カ》
□《ほうあん》を□《かけつ》する。

⑤ □复《フク》
□《ふくすう》の□《もんだい》。

光村5年①

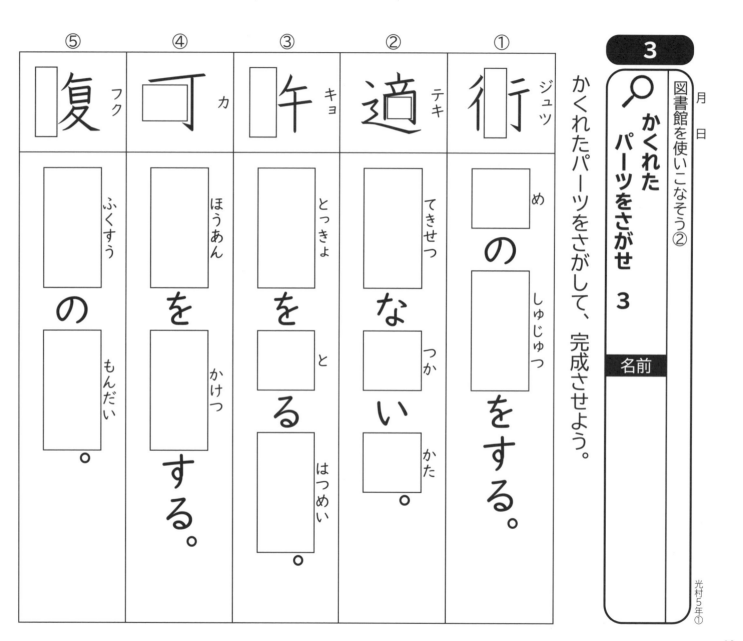

4

漢字の成り立ち①

月　日

かくれたパーツをさがせ　4

名前

かくれたパーツをさがして、完成させよう。

①
□冓《コウ》

□《こうせい》を□《か》える。

②
□⺍女《さくら》

□《さくら》が□《まんかい》になる。

③
□同《ドウ》

□《どうか》を□《あつ》める。

④
□皮《やぶ(る)》

□《やくそく》を□《やぶ》る。

⑤
亻□彡《シュウ》

□《きかい》を□《しゅうり》する。

⑥
□复《フク》

□《べんきょう》の□《ふくしゅう》。

光村5年①

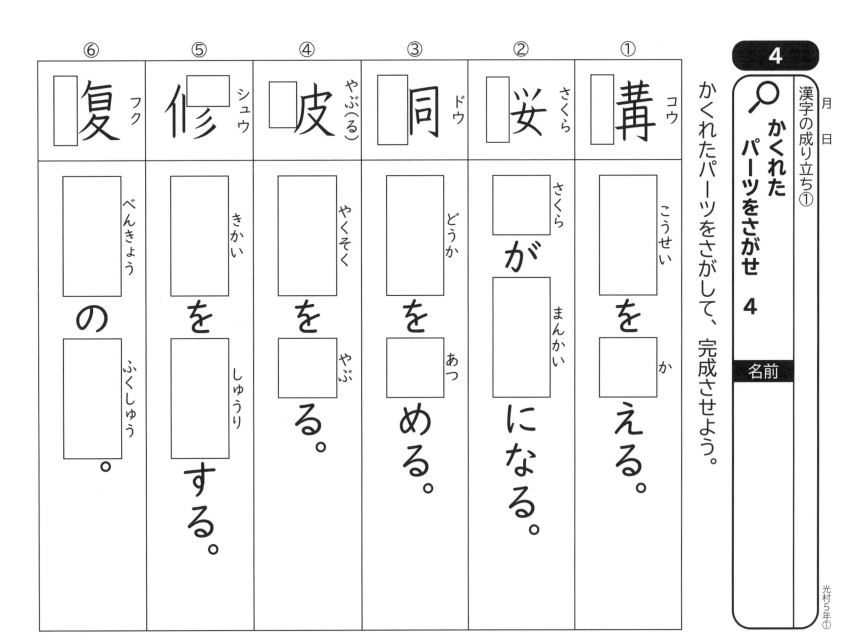

月　日

漢字の成り立ち②

5

かくれたパーツをさがせ　5

名前

かくれたパーツをさがして、完成させよう。

① □艮《ガン》

□《にくがん》で□《み》える。

② □亭《テイ》

□《でんしゃ》の□《ていしゃえき》。

③ □且《ソ》

□《そぼ》は□《げんき》です。

④ 氵□十《ジュン》

□《じゅんけっしょう》に□《すす》む。

⑤ □甫《そな(える)》

□《たいふう》に□《そな》える。

⑥ 𠂎刀□《ボウ》

□《がいこく》との□《ぼうえき》。

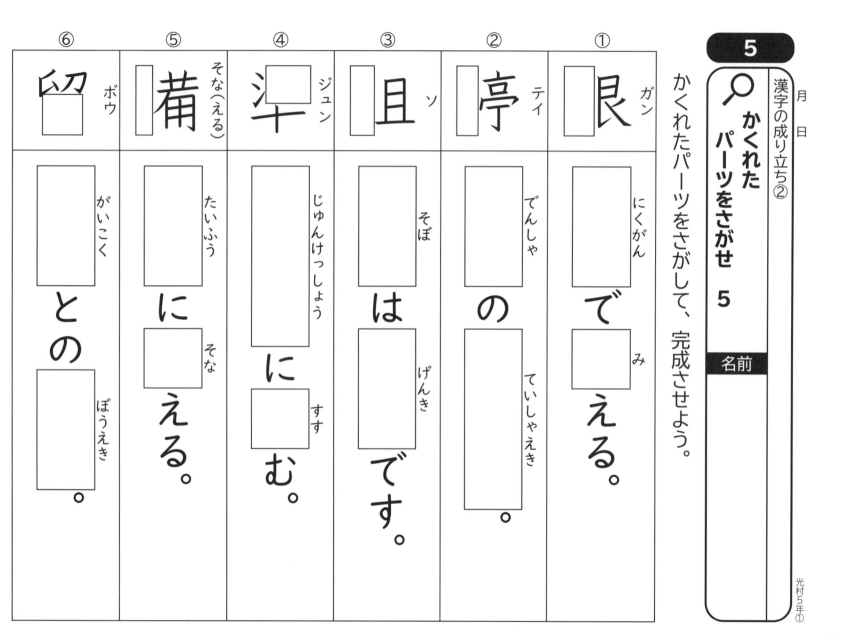

月　日

漢字の成り立ち③／きいて、きいて、きいてみよう①

6 かくれたパーツをさがせ 6

名前

かくれたパーツをさがして、完成させよう。

①
□《イ》

□《あんい》な□《かんが》え。

②
□《サイ》

□《こくさい》□《かいぎじょう》

③
□《ケツ》

□《せいけつ》な□《だいどころ》。

④
□《シツ》

□《せんせい》に□《しつもん》する。

⑤
□《ホウ》

□《ほうこくしょ》を□《か》く。

⑥
□《コク》

□《しんぶん》□《こうこく》を□《み》る。

光村5年①

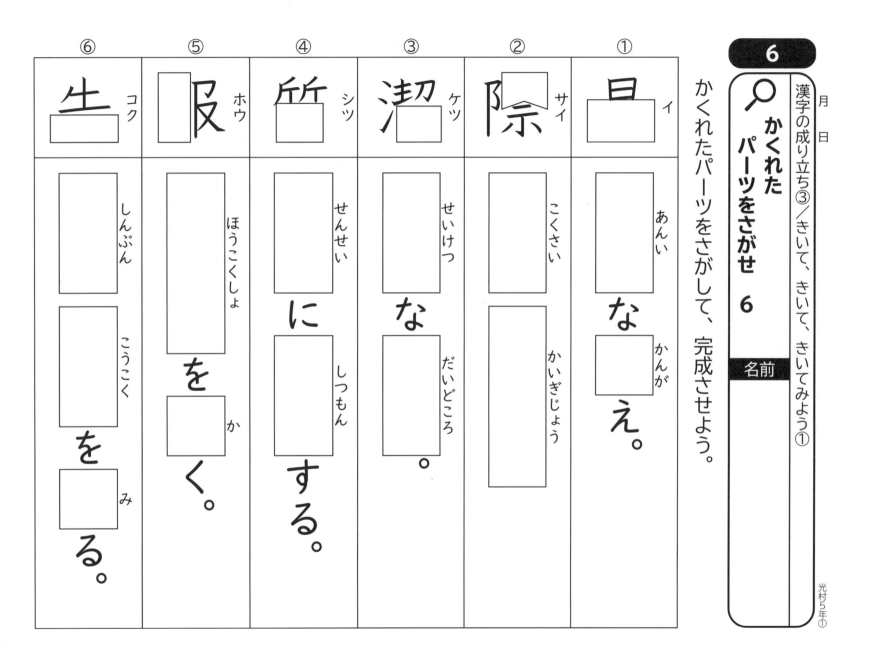

7

かくれたパーツをさがせ　7

きいて、きいて、きいてみよう②／見立てる〜げんいんと結果①

月　日

名前

かくれたパーツをさがして、完成させよう。

① □（ゾク）
□《ぎんいろ》の□《きんぞく》。

② □（カク）
□《せいかく》に□《き》き□《と》る。

③ □（シキ）
□《ちしき》を□《ふか》める。

④ □（イン）
□《げんいん》をさぐる。

⑤ □（ゾウ）
□《きかい》を□《かいぞう》する。

⑥ □（に(る)）
□《ははおや》に□《に》る。

光村5年①

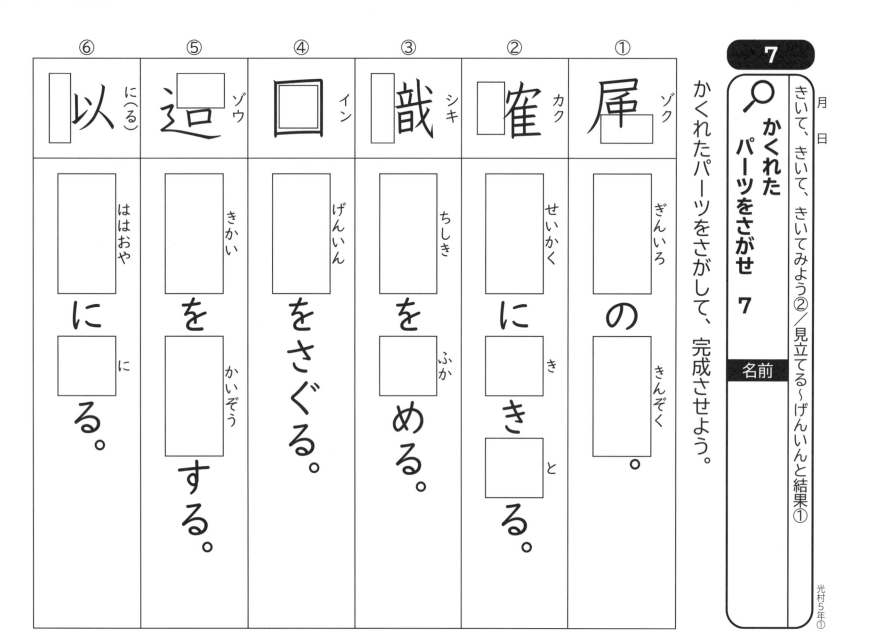

かくれたパーツをさがせ　8

名前

かくれたパーツをさがして、完成させよう。

① □艮《ゲン》
□《たいりょく》の□《げんかい》。

② 𠂎刀□《リュウ》
□《がいこく》に□《りゅうがく》する。

③ □見《ゲン》
□《げんば》に□《つ》く。

④ □妾《セツ》
□《ちょくせつ》□《あ》う。

⑤ 广□《オウ》
□《しゅざい》に□《おう》じる。

⑥ 埶□《セイ》
□《ひと》が□《おおぜい》□《あつ》まる。

光村5年①

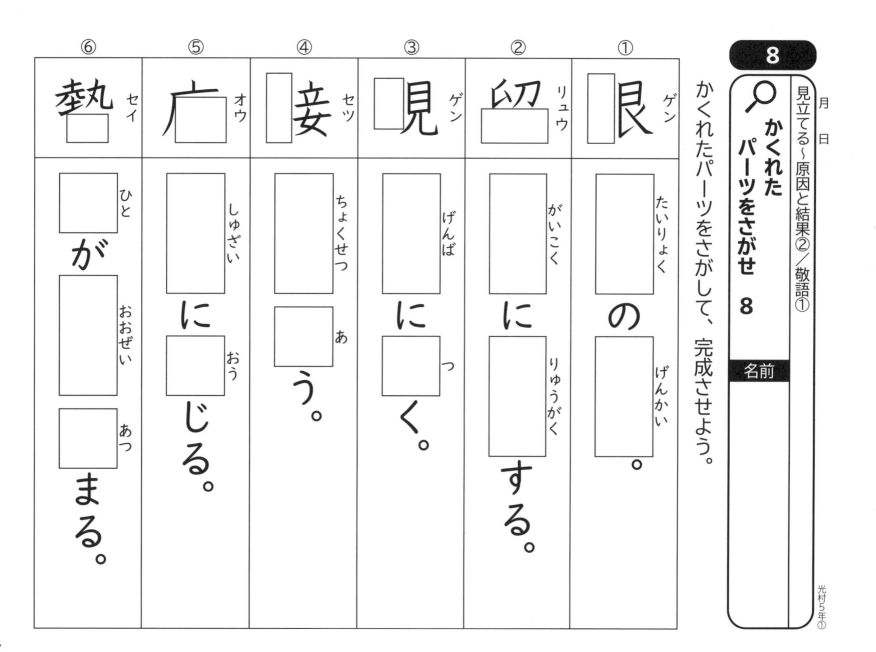

9

敬語②

月　日

かくれたパーツをさがせ　9

名前

かくれたパーツをさがして、完成させよう。

①
□可《カ》
□《ぎんが》□《てつどう》

②
歴《レキ》
□《れきだい》の□《しゃちょう》。

③
丈《シ》
□《にほんし》の□《べんきょう》。

④
□令《カン》
□《しんかんせん》に□《の》る。

⑤
□召《ショウ》
□《いえ》に□《しょうたい》する。

光村5年①

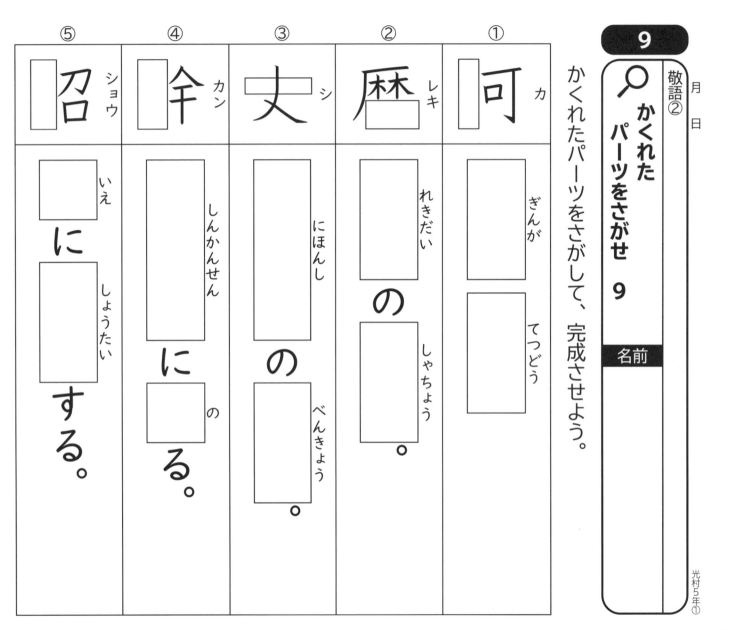

10

かくれたパーツをさがせ 10

日じょうを十七音で／古典の世界（一）

月　日

名前

かくれたパーツをさがして、完成させよう。

① □《ク》
□《ごく》の□《いみ》。

② □《ジョウ》
□《へいじょう》□《どお》り。

③ □《ジョ》
□《じゅんじょ》よく□《か》く。

④ □《ブ》
□《ぶし》が□《かたな》を□《さ》す。

⑤ □《シ》
□《でんしゃ》の□《うんてんし》。

光村5年①

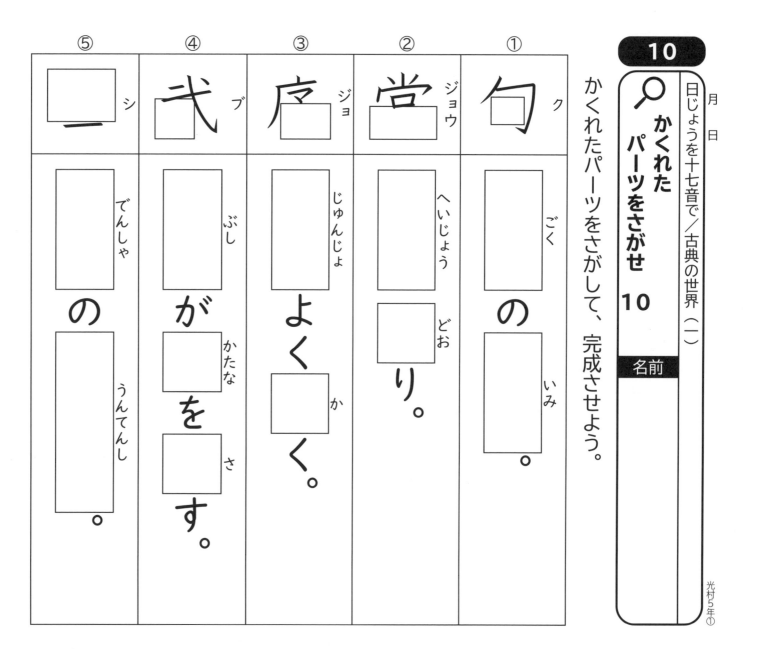

月　日

目的に応じて引用するとき／みんなが使いやすいデザイン

11

かくれたパーツをさがせ 11

名前

かくれたパーツをさがして、完成させよう。

① 次□《シ》

□《しりょう》を□《あつ》める。

② □且《サ》

□《けんこう》□《ちょうさ》をする。

③ □生《セイ》

□《い》き□《もの》の□《しゅうせい》。

④ □非《ヒ》

□《ひかがくてき》な□《かんが》え。

⑤ 糸公□《ソウ》

□《そうごうてん》の□《けいさん》。

光村5年①

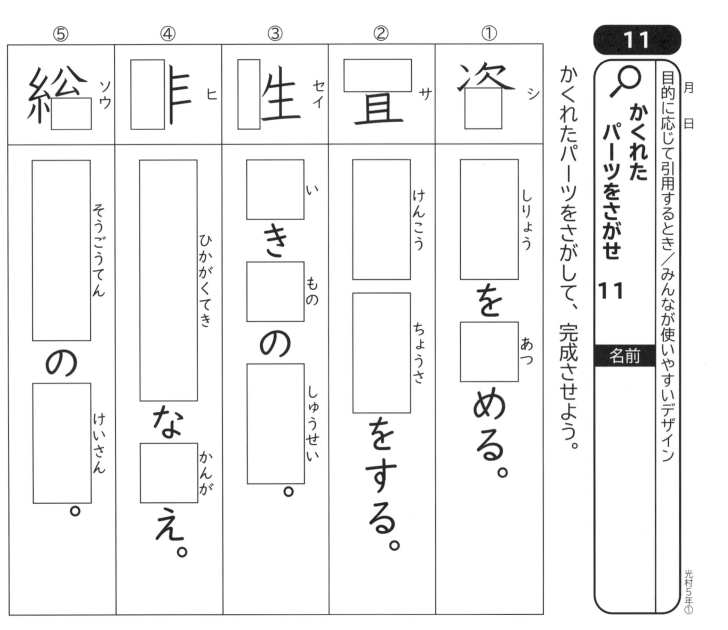

12

月　日

同じ読み方の漢字①

かくれたパーツをさがせ 12

名前

かくれたパーツをさがして、完成させよう。

① 氵貝□《ソク》

□《てんたい》を□《かんそく》する。

② 吉（上がかくれている）《シャ》

□《こうしゃ》を□《た》てる。

③ □主《オウ》

□《くるま》が□《おうらい》する。

④ 演（上がかくれている）《エン》

□《かんどうてき》な□《えんぜつ》。

⑤ 干□《カン》

□《ちょうかん》と□《ゆうかん》。

⑥ □巴《ヒ》

□《しょくぶつ》の□《ひりょう》。

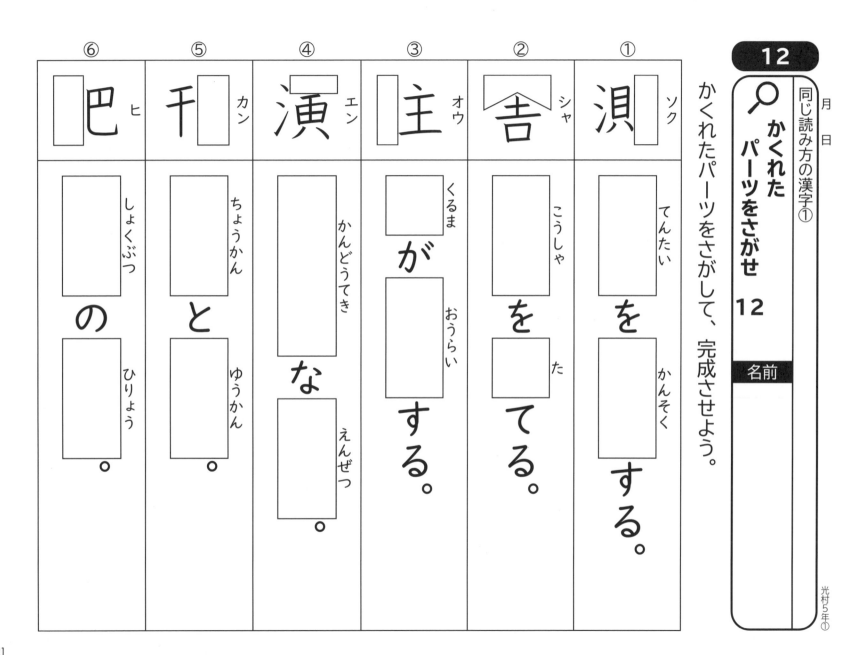

同じ読み方の漢字②　月　日

かくれたパーツをさがせ 13

名前

かくれたパーツをさがして、完成させよう。

① □制《セイ》
□《はは》の□《とくせい》の□《りょうり》。

② □射《シャ》
□《かんしゃ》の□《きも》ち。

③ □非《ザイ》
□《むざい》を□《か》ち□《と》る。

④ □恭《ボウ》
□《ぼうりょく》に□《はんたい》する。

⑤ □方《ボウ》
□《しょうぼうしゃ》が□《はし》る。

⑥ □広《コウ》
□《こうざん》で□《てつ》をほる。

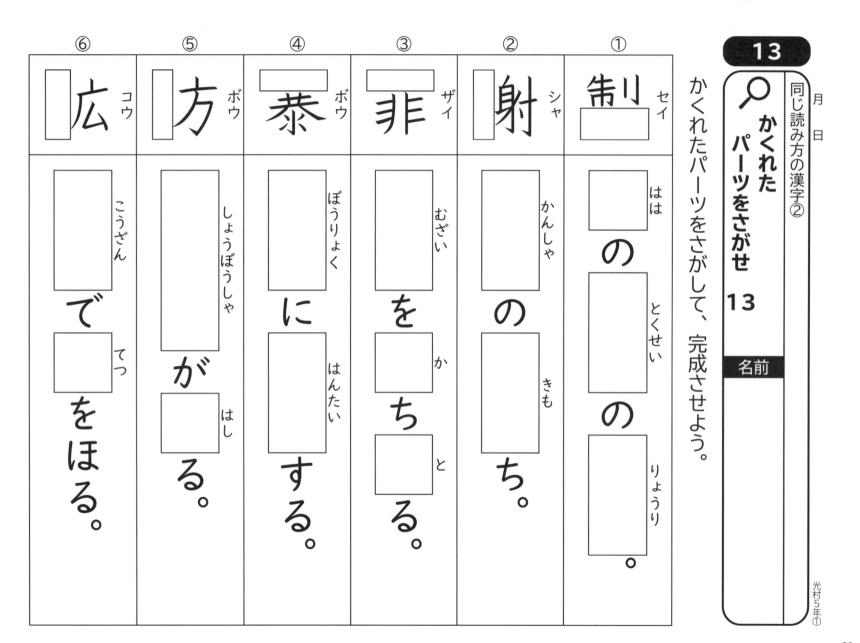

月　日

同じ読み方の漢字③／作家で広げるわたしたちの読書／モモ①

かくれたパーツをさがせ 14

名前

かくれたパーツをさがして、完成させよう。

①
□責《セキ》

□《さんすう》の□《せいせき》。

②
士《シ》

□《つよ》い□《いし》を□《も》つ。

③
舟亢《コウ》

□《ふね》で□《こうかい》する。

④
夢《ゆめ》

□《たの》しい□《ゆめ》を□《み》る。

⑤
□扁《ヘン》

□《しんぶん》を□《へんしゅう》する。

⑥
□㑒《ケン》

□《けんあく》な□《くうき》。

光村5年①

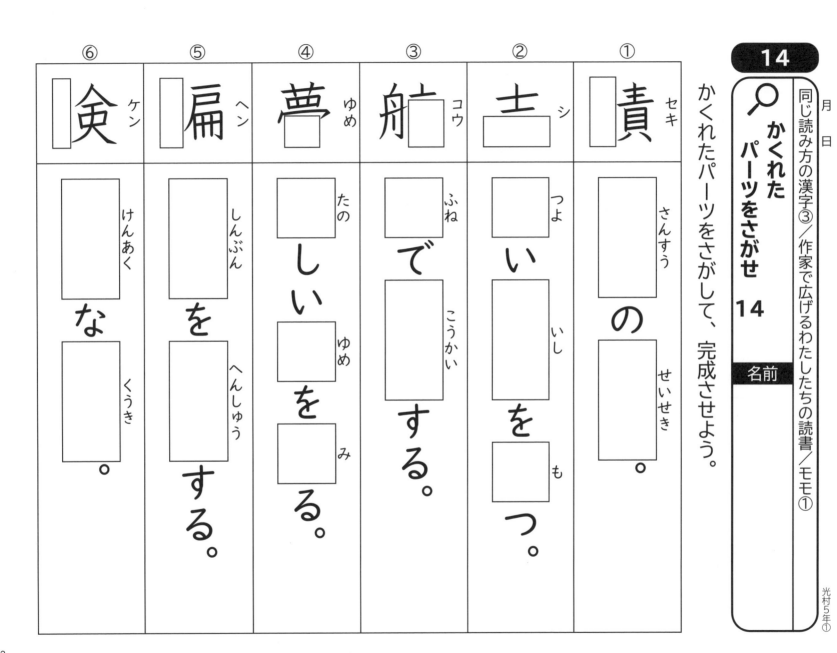

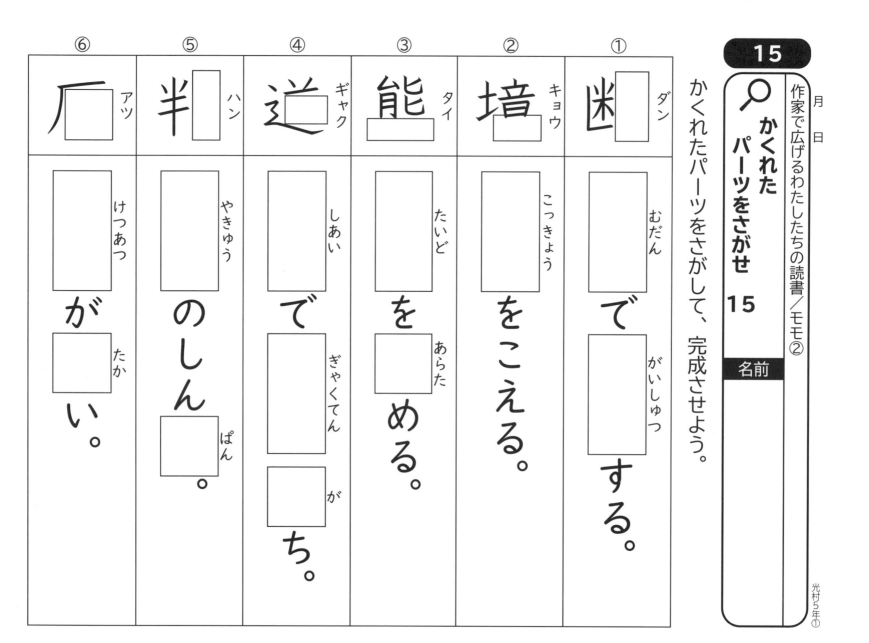

かくれたパーツをさがせ 15

作家で広げるわたしたちの読書／モモ②

月　日

名前

かくれたパーツをさがして、完成させよう。

① □《ダン》
□《むだん》で□《がいしゅつ》する。

② □《キョウ》
□《こっきょう》をこえる。

③ □《タイ》
□《たいど》を□《あらた》める。

④ □《ギャク》
□《しあい》で□《ぎゃくてん》□《が》ち。

⑤ □《ハン》
□《やきゅう》のしん□《ぱん》。

⑥ □《アツ》
□《けつあつ》が□《たか》い。

光村5年①

16

月　日

＋漢字足し算 1

かんがえるのって　おもしろい／銀色の裏地①

名前

漢字の足し算をしよう。

＊答えの漢字で
ことばを作ろう。

① 亻＋⺈＋罒＋豕＝□ → □

② 糸＋又＋土＝□ → □

③ 忄＋主＋月＝□ → □

④ ⺈＋罒＋豕＝□ → □

⑤ 糸＋⺈＋巴＝□ → □

⑥ 厂＋日＋子＝□ → □

⑦ 龸＋口＋貝＝□ → □

⑧ 丬＋大＋、＝□ → □

光村5年②

月　日

17

漢字足し算　2

銀色の裏地②／図書館を使いこなそう①

名前

漢字の足し算をしよう。

①　士＋口＋亠＋口＝

②　角＋刀＋牛＝

③　宀＋八＋口＝

④　扌＋十＋又＝

⑤　彳＋朩＋亍＝

⑥　内＋古＋辶＝

⑦　言＋ム＋十＝

⑧　一＋口＋亅＝

＊答えの漢字でことばを作ろう。

光村5年②

月　日

図書館を使いこなそう②／漢字の成り立ち①

18

✚漢字足し算　3

名前

漢字の足し算をしよう。

＊答えの漢字でことばを作ろう。

① 衤＋𠂉＋日＋夂＝□→□

② 木＋井＋冉＝□→→→□

③ 木＋⺌＋女＝□→→→□

④ 金＋冂＋口＝□→→→□

⑤ 石＋厂＋攴＝□→→→□

⑥ 亻＋丨＋夂＋彡＝□→□

⑦ 彳＋𠂉＋日＋夂＝□→□

⑧ 目＋𠃛＋く＝□→→→□

光村5年②

19

月　日

漢字の成り立ち②

＋漢字足し算　4

名前

漢字の足し算をしよう。

＊答えの漢字でことばを作ろう。

① 亻＋古＋冖＋丁＝□→□

② 礻＋月＋一＝□→□

③ 氵＋隹＋十＝□→□

④ 亻＋廾＋ノ＋用＝□→□

⑤ 厶＋刀＋貝＝□→□

⑥ 日＋勿＝□→□

⑦ 阝＋夕＋又＋示＝□→□

⑧ 氵＋丰＋刀＋糸＝□→□

光村5年②

20

＋漢字足し算 5

きいて、きいて、きいてみよう／見立てる～原いんと結果①

月　日

名前

漢字の足し算をしよう。

＊答えの漢字でことばを作ろう。

① 斤＋斤＋貝＝□

② 土＋羊＋卩＋又＝□

③ ノ＋土＋口＝□

④ 厂＋ノ＋口＋内＝□

⑤ 石＋冖＋隹＝□

⑥ 言＋音＋戈＝□

⑦ 冂＋大＋一＝□

⑧ 生＋口＋辶＝□

光村5年②

21

月　日

見立てる～原因と結果②／敬語①

漢字足し算　6

名前

光村5年②

漢字の足し算をしよう。

＊答えの漢字でことばを作ろう。

① 亻＋ㇾ＋人＝□

② 阝＋艮＋く＝□

③ 厶＋刀＋田＝□

④ 王＋目＋儿＝□

⑤ 扌＋立＋女＝□

⑥ 广＋心＝□

⑦ 𡗗＋土＋丸＋力＝□

⑧ 氵＋𠮛＋亅＝□

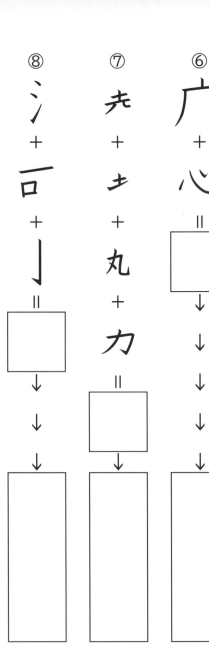

22

月　日

敬語②／日じょうを十七音で

漢字足し算 7

名前

光村5年②

漢字の足し算をしよう。

＊答えの漢字でことばを作ろう。

① 厂 ＋ 林 ＋ 止 ＝ □ ↓ ↓ ↓ ↓ □

② 口 ＋ 人 ＝ □ ↓ ↓ ↓ ↓ ↓ □

③ 車 ＋ ヘ ＋ 干 ＝ □ ↓ ↓ ↓ ↓ □

④ 扌 ＋ 刀 ＋ 口 ＝ □ ↓ ↓ ↓ ↓ □

⑤ 勹 ＋ 口 ＝ □ ↓ ↓ ↓ ↓ ↓ □

⑥ 㟟 ＋ 口 ＋ 巾 ＝ □ ↓ ↓ ↓ ↓ □

⑦ 广 ＋ マ ＋ 丁 ＝ □ ↓ ↓ ↓ ↓ □

23

月　日

古典の世界（二）～みんなが使いやすいデザイン

名前

✚漢字足し算　8

漢字の足し算をしよう。

＊答えの漢字でことばを作ろう。

① 二＋止＋心＝□↓↓↓↓↓□

② 十＋一＝□↓↓↓↓↓□

③ 冫＋欠＋貝＝□↓↓↓↓□

④ 木＋月＋一＝□↓↓↓↓□

⑤ 忄＋生＝□↓↓↓↓↓□

⑥ 扌＋𠂤＝□↓↓↓↓↓□

⑦ 糸＋公＋心＝□↓↓↓↓□

光村5年②

24

同じ読み方の漢字①

月　日

✚漢字足し算　9

名前

光村5年②

漢字の足し算をしよう。

①　氵＋貝＋刂＝□

②　𠆢＋土＋口＝□

③　彳＋、＋王＝□

④　氵＋宀＋亩＋八＝□

⑤　干＋刂＝□

⑥　月＋巴＝□

⑦　𫝀＋刂＋衣＝□

⑧　言＋身＋寸＝□

＊答えの漢字でことばを作ろう。

月　日

25

同じ読み方の漢字②／作家で広げるわたしたちの読書／モモ①

＋漢字足し算 10

名前

漢字の足し算をしよう。

＊答えの漢字でことばを作ろう。

①　罒＋彐＋⺤＝□→→→

②　日＋艹＋八＋氺＝□→

③　阝＋亠＋勹＝□→→→

④　金＋广＋厶＝□→→→

⑤　糸＋圭＋貝＝□→→→

⑥　士＋心＝□→→→→

⑦　舟＋亠＋几＝□→→→

⑧　艹＋罒＋冖＋夕＝□→

光村5年②

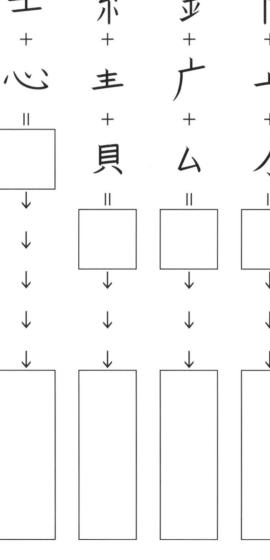

漢字足し算 11

作家で広げるわたしたちの読書／モモ②

月　日

名前

漢字の足し算をしよう。

① 糸＋戸＋冊＝□→□

② 阝＋𠆢＋央＝□→□

③ 米＋乚＋斤＝□→□

④ 土＋立＋日＋儿＝□→□

⑤ 厶＋月＋比＋心＝□→□

⑥ 䒑＋屮＋辶＝□→□

⑦ 丷＋キ＋刂＝□→□

⑧ 厂＋土＝□→□

＊答えの漢字でことばを作ろう。

27

月　日

かんがえるのって　おもしろい／銀色の裏地／図書館を使いこなそう①

☆足りないのはどこ（形をよく見て）1

名前

足りないところを見つけて、正しく書こう。

①　画《が》像《ぞう》　↓　□

②　経《けい》路《ろ》　↓　□

③　情《じょう》熱《ねつ》　↓　□

④　印《いん》象《しょう》　↓　□

⑤　絶《ぜつ》望《ぼう》　↓　□

⑥　厚《あつ》紙《がみ》　↓　□

⑦　賞《しょう》状《じょう》　↓　□

⑧　喜《よろこ》ぶ　↓　□

⑨　分《ぶん》解《かい》　↓　□

⑩　容《よう》量《りょう》　↓　□

⑪　技《ぎ》術《じゅつ》　↓　□

⑫　適《てき》当《とう》　↓　□

光村5年③

月　日

足りないのはどこ（形をよく見て）2

名前

足りないところを見つけて、正しく書こう。

① 許《きょ》可《か》

② 複《ふく》数《すう》

③ 構《こう》成《せい》

④ 夜《よ》桜《ざくら》

⑤ 銅《どう》像《ぞう》

⑥ 破《は》産《さん》

⑦ 修《しゅう》復《ふく》

⑧ 近《きん》眼《がん》

⑨ 停《てい》電《でん》

⑩ 祖《そ》先《せん》

⑪ 準《じゅん》備《び》

⑫ 貿《ぼう》易《えき》

月　日

漢字の成り立ち②～原いんと結果①

☆足りないのはどこ（形をよく見て）3

名前

足りないところを見つけて、正しく書こう。

① 実《じっ》際《さい》 →

② 潔《けっ》日《ぱく》 →

③ 休《たい》頁《しっ》 →

④ 報《ほう》告《こく》 →

⑤ 全《きん》属《ぞく》 →

⑥ 碓《かく》実《じつ》 →

⑦ 意《い》識《しき》 →

⑧ 要《よう》囚《いん》 →

⑨ 改《かい》造《ぞう》 →

⑩ 似《に》顔《がお》絵《え》 →

⑪ 限《げん》界《かい》 →

⑫ 留《る》守《す》 →

月　日

30

見立てる～原因と結果②／敬語／日じょうを十七音で／古典の世界（一）

光村5年③

足りないのはどこ（形をよく見て）4

名前

足りないところを見つけて、正しく書こう。

① 現《げん》全《きん》 → □

② 拉《せつ》統《ぞく》 → □

③ 応《おう》月《よう》 → □

④ 勢《せい》刀《りょく》 → □

⑤ 連《うん》汀《が》 → □

⑥ 歴《れき》史《し》 → □

⑦ 幹《かん》部《ぶ》 → □

⑧ 招《しょう》待《たい》 → □

⑨ 又《もん》可《く》 → □

⑩ 常《じょう》温《おん》 → □

⑪ 順《じゅん》庁《じょ》 → □

⑫ 武《ぶ》上《し》 → □

31

月　　日

目的に応じて引用するとき～同じ読み方の漢字①

足りないのはどこ（形をよく見て）5

名前

足りないところを見つけて、正しく書こう。

① 資《し》料《りょう》 → □

② 調《ちょう》査《さ》 → □

③ 習《しゅう》性《せい》 → □

④ 非《ひ》公《こう》式《しき》 → □

⑤ 総《そう》合《ごう》 → □

⑥ 計《けい》測《そく》 → □

⑦ 宿《しゅく》舎《しゃ》 → □

⑧ 往《おう》路《ろ》 → □

⑨ 演《えん》説《ぜつ》 → □

⑩ 新《しん》刊《かん》 → □

⑪ 肥《ひ》満《まん》 → □

⑫ 製《せい》品《ひん》 → □

月　日

32

同じ読み方の漢字②

☆足りないのはどこ（形をよく見て）6

名前

足りないところを見つけて、正しく書こう。

① 感《かん》謝《しゃ》 → □

② 有《ゆう》罪《ざい》 → □

③ 暴《ぼう》刀《りょく》 → □

④ 了《よ》防《ぼう》 → □

⑤ 釯《こう》凵《ざん》 → □

⑥ 戊《せい》績《せき》 → □

⑦ 意《い》志《し》 → □

⑧ 航《こう》海《かい》 → □

光村5年③

33

月　日

作家で広げるわたしたちの読書／モモ

足りないのはどこ（形をよく見て）7

名前

足りないところを見つけて、正しく書こう。

① 夢《む》中《ちゅう》 ↓ □

② 編《へん》集《しゅう》 ↓ □

③ 険《けん》悪《あく》 ↓ □

④ 無《む》断《だん》 ↓ □

⑤ 境《きょう》界《かい》 ↓ □

⑥ 態《たい》度《ど》 ↓ □

⑦ 逆《ぎゃく》風《ふう》 ↓ □

⑧ 判《はん》決《けつ》 ↓ □

⑨ 血《けつ》圧《あつ》 ↓ □

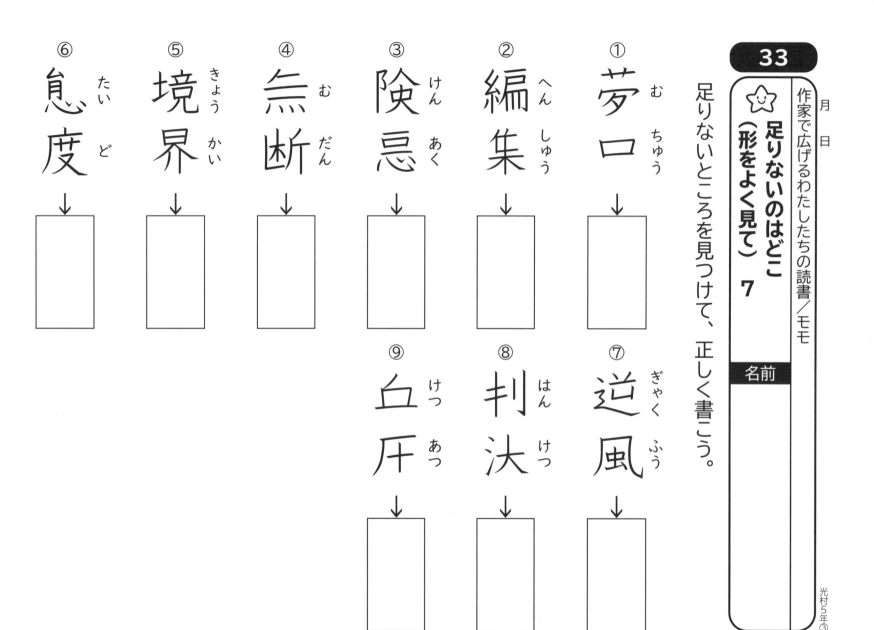

漢字を入れよう　1

名前

文を読んで、ぴったりの漢字を入れよう。

①その動物は、想□した以上に大きかった。

②いろいろなことを□験すると、勉強になる。

③にこにこと、明るい表□をする。

④動物園で、大きな耳のアフリカ□を見た。

⑤そんなことをするのは、□対にいやだ。

⑥二百ページもある、ぶ□い本を読む。

⑦感想文コンクールで入□する。

⑧コンクールで一位になり、しょう□をもらう。

ヒント　経　情　厚　状　像　象　賞　絶

35

月　日

銀色の裏地②／図書館を使いこなそう①

漢字を入れよう 2

名前

文を読んで、ぴったりの漢字を入れよう。

①プレゼントをもらって、大□びする。

②時計を分□したが、組み立てられない。

③四角い□器に、おべんとうをつめる。

④町の球□大会に、出場しました。

⑤大きなけががだったので、病院で手□をした。

⑥秋は、運動やスポーツに□した季節だ。

⑦何回もあやまって、□してもらう。

⑧そんなことは、絶対に不□のうだ。

ヒント　許　解　技　可　適　術　容　喜

光村5年④

36

月　日

図書館を使いこなそう②／漢字の成り立ち①

漢字を入れよう　3

名前

文を読んで、ぴったりの漢字を入れよう。

①一人だけでなく、□数の人の意見を聞く。

②バッターボックスで、バットを□える。

③春、入学式には□の花がさいていた。

④おしくも三位で、□メダルをもらった。

⑤約束を□って、友達の信用を失う。

⑥こわれた自転車を、自分で□理する。

⑦今日習った勉強を、家で□習する。

⑧目が赤かったので、□科に行った。

ヒント　銅　復　複　修　眼　桜　構　破

月　日

漢字の成り立ち②

漢字を入れよう 4

名前

文を読んで、ぴったりの漢字を入れよう。

①バス□で、二列にならんで待つ。

②七十才の□母は、いたって元気だ。

③大会の□決勝に勝ち、決勝に進む。

④台風に□えて、きちんと戸じまりをする。

⑤日本は、世界の国々と□易をしている。

⑥今日のテストは、いつもより□しかった。

⑦アメリカの友人に、国□電話をかける。

⑧料理をする前に、手を清□にする。

ヒント　備　祖　潔　準　停　貿　易　際

光村5年④

月　日

きいて、きいて、きいてみよう／見立てる～原いんと結果①

38

漢字を入れよう　5

名前

文を読んで、ぴったりの漢字を入れよう。

①分からないことを、先生に□問する。

②調べた結果をまとめて□告する。

③にわとりの鳴き声が、朝を□げる。

④これは、とてもかたい金□でできている。

⑤まちがいないか、もう一度□かめましょう。

⑥人は、本から知□をえることができる。

⑦失敗した原□を、はっきりさせる。

⑧この寺は、日本一古い木□の建物です。

ヒント　属　告　造　確　因　識　質　報

漢字を入れよう 6

名前

文を読んで、ぴったりの漢字を入れよう。

①ぼくと兄は、顔がよく□ている。

②この食品の賞味期□は、今日までです。

③路線バスの停□所で、バスを待つ。

④知らない人が、いきなり目の前に□れた。

⑤その試合は、一点差の□戦で負けた。

⑥必要に□じて、写真や図を見せましょう。

⑦広場に、大□の人が集まっている。

⑧七夕の夜、美しい銀□が見えた。

ヒント　似　応　留　接　勢　河　現　限

月　日

敬語②／日じょうを十七音で

漢字を入れよう 7

名前

文を読んで、ぴったりの漢字を入れよう。

①兄は、世界の□しを勉強している。

②ぼくは、日本のれき□にきょうみがある。

③東海道新□線に乗って、東京に行く。

④たん生日に、友達を家に□待する。

⑤知らない語□の意味を、調べましょう。

⑥今日は、平□通りの時間わりです。

⑦低学年から、順□よくならんでください。

ヒント　幹　序　史　歴　句　招　常

月　日

古典の世界（二）～みんなが使いやすいデザイン

漢字を入れよう 8

名前

文を読んで、ぴったりの漢字を入れよう。

①戦国時代の□しの、伝記を読む。

②すもうの力□が、土ひょうに上がる。

③研究に必要な、□料を集める。

④健康についての、アンケート調□を行う。

⑤この薬は、水にとけやすい□質がある。

⑥火事のときは、□常口からにげましょう。

⑦日本の□理大臣が、アメリカに行く。

ヒント　資　性　査　非　士　総　武

月　日

42

同じ読み方の漢字①

漢字を入れよう 9

名前

文を読んで、ぴったりの漢字を入れよう。

①兄の望遠鏡で、天体観□をする。

②学校の校□が古くなったので、建てかえた。

③自転車で、家と公園を□復した。

④今日、ダンスの公□が行われる。

⑤新聞の朝□の配達の音で、目が覚めた。

⑥大きく成長するように、畑に□料をやる。

⑦父が、特□のハンバーグを作ってくれた。

⑧助けてくれた人に、感□の気持ちを伝える。

ヒント　舎　測　演　往　謝　肥　刊　製

光村5年④

月　日

同じ読み方の漢字②／作家で広げるわたしたちの読書／モモ①

漢字を入れよう 10

名前

文を読んで、ぴったりの漢字を入れよう。

①けいむ所で、これまでおかした□をつぐなう。

②大きな音におどろいて、馬が□れた。

③マスクで、インフルエンザの流行を□ぐ。

④ここには昔、炭□があって石炭をほっていた。

⑤勉強したおかげで、算数の成□が上がった。

⑥最後まで、自分の意□をつらぬく。

⑦太平洋を、大きな客船で□海する。

⑧ねている間に、とてもこわい□を見た。

ヒント　航　鉱　暴　志　罪　夢　績　防

漢字を入れよう 11

名前

文を読んで、ぴったりの漢字を入れよう。

①姉が、毛糸でマフラーを□んでいる。

②ちょう上を目指して、□しい山道を登る。

③やるかやらないかを、自分で決□する。

④戦争が起こり、国□をこえてひなんする。

⑤父親に、反こう的な□度をとる。

⑥最終回に、ホームランで□転する。

⑦ボクシングの試合で、□定勝ちする。

⑧深海では、水□がとても高い。

ヒント　逆　境　断　編　態　圧　判　険

2 学期

45

どちらを選びますか／新聞を読もう

月　日

かくれたパーツをさがせ 16

名前

かくれたパーツをさがして、完成させよう。

①
□㝵《トク》

けん□《だま》が□《とくい》だ。

②
□匕《くら(べる)》

□《だいしょう》を□《くら》べる。

③
正□《セイ》

□《せいじ》は□《たいせつ》です。

④
□《キョウ》

□《きょうみ》□《ぶか》い□《はなし》。

⑤
二□《しめ(す)》

□《ひょう》で□《しめ》す。

月　日

文章に説得力をもたせるには／たずねびと①

46

かくれたパーツをさがせ　17

名前

かくれたパーツをさがして、完成させよう。

①　□長　チョウ

□《いけん》を□《しゅちょう》する。

②　亻□　コ

□《こじんてき》な□《かんけい》。

③　士□　ささ(える)

□《りょうて》で□《ささ》える。

④　□辶　まよ(う)

□《みち》に□《まよ》う。

⑤　在□　ザイ

□《じつざい》する□《じんぶつ》。

⑥　□虫　ドク

□《しゅい》を□《どくそう》する。

光村5年①

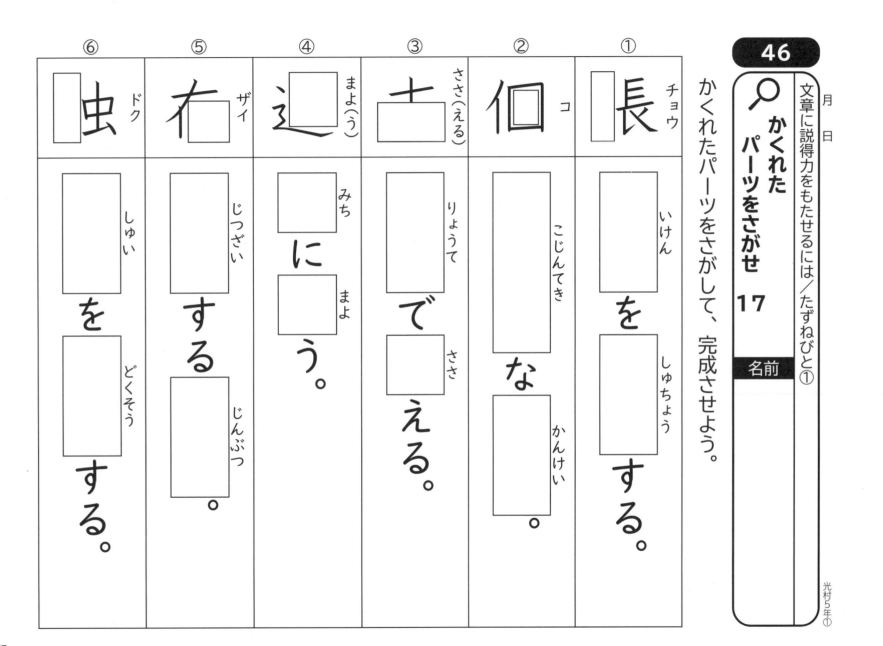

47

たずねびと②　月　日

かくれたパーツをさがせ 18

名前

かくれたパーツをさがして、完成させよう。

① 厶□《ベン》

お□《べんとう》を□《た》べる。

② □険《ケン》

□《きかい》の□《てんけん》。

③ □是《テイ》

□《しゅくだい》を□《ていしゅつ》する。

④ 宍□《よ(る)》

□《もんだい》を□《も》ち□《よ》る。

⑤ □禾《あま(る)》

□《ひゃくにん》□《あま》りの□《ひと》。

⑥ □厶《ほとけ》

□《ほとけさま》の□《かお》。

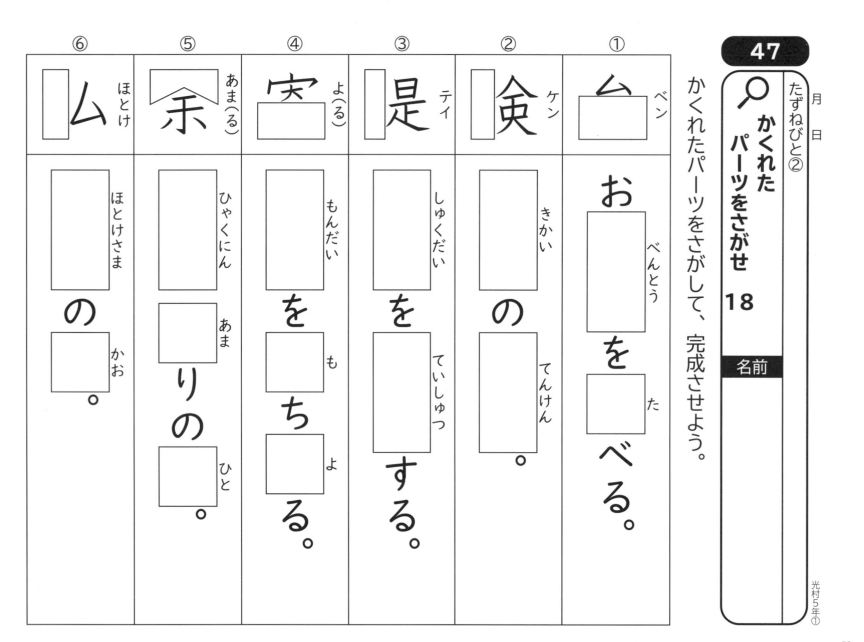

月　日

48

かくれたパーツをさがせ 19

名前

方言と共通語／よりよい学校生活のために①

かくれたパーツをさがして、完成させよう。

①
代（下に□）　か（す）

□《おとうと》に□《ふく》を□《か》す。

②
交□　コウ

□《こうかてき》な□《ほうほう》。

③
夂（下に□）　ジョウ

□《がいこく》との□《じょうやく》。

④
□牛　ケン

□《じけん》を□《しら》べる。

⑤
□呆　たも（つ）

□《おんど》を□《たも》つ。

⑥
□平　ヒョウ

□《だいこうひょう》の□《ほん》。

光村5年①

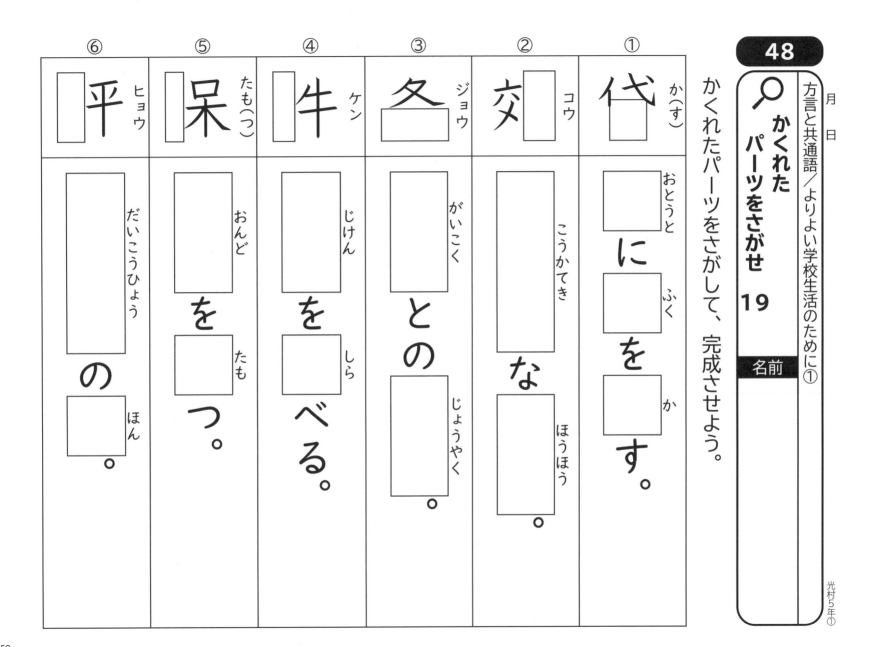

よりよい学校生活のために②／浦島太郎／和語・漢語・外来語①

月　日

かくれたパーツをさがせ 20

名前

かくれたパーツをさがして、完成させよう。

①
□西《カ》
□《ていか》より□《やす》い。

②
夫夫□《サン》
□《さんせい》□《りゆう》を□《い》う。

③
□《つま》
□《つま》の□《たいせつ》なもの。

④
氵□比《ま(ぜる)》
□《いろみず》を□《ま》ぜる。

⑤
九木□《ザツ》
□《にわ》の□《ざっそう》を□《と》る。

⑥
□各《リャク》
□《せつめい》を□《しょうりゃく》する。

光村5年①

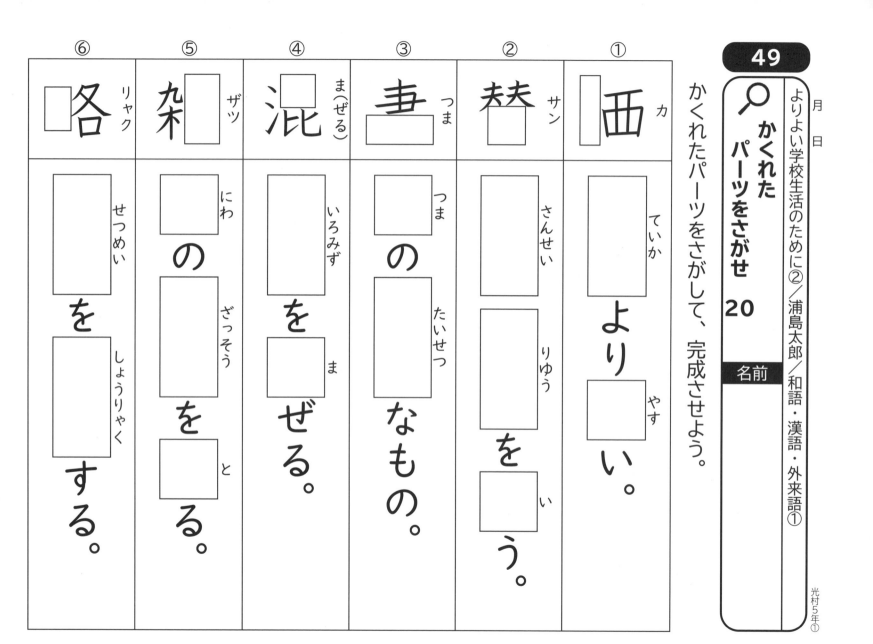

月　日

50

和語・漢語・外来語②／固有種が教えてくれること／自然環境を…①

かくれたパーツをさがせ 21

名前

かくれたパーツをさがして、完成させよう。

①

サイ

こん□《ちゅう》□《さいしゅう》

②

キン

□《た》ち□《い》り□《きんし》。

③

ノウ

□《おんがく》の□《さいのう》。

④

す（ごす）

□《いえ》で□《す》ごす□《ひと》。

⑤

テイ

□《ていど》を□《しら》べる。

⑥

ホウ

□《こめ》が□《ほうさく》だ。

光村5年①

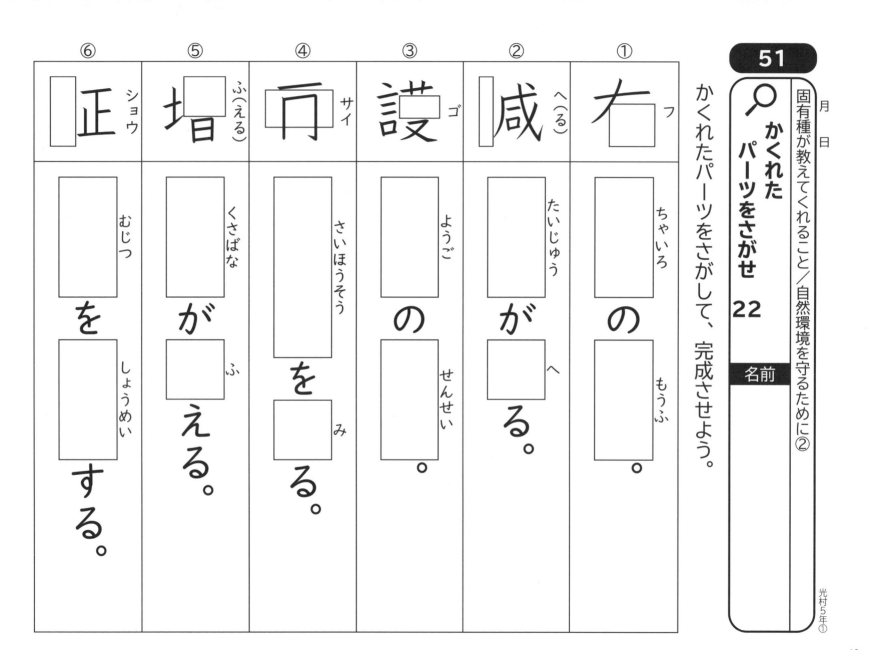

51

固有種が教えてくれること／自然環境を守るために②

月　日

かくれたパーツをさがせ 22

名前

かくれたパーツをさがして、完成させよう。

① □ フ

□《ちゃいろ》の□《もうふ》。

② □ へ（る）

□《たいじゅう》が□《へ》る。

③ □ ゴ

□《ようご》の□《せんせい》。

④ □ サイ

□《さいほうそう》を□《み》る。

⑤ □ ふ（える）

□《くさばな》が□《ふ》える。

⑥ □ ショウ

□《むじつ》を□《しょうめい》する。

52 かくれたパーツをさがせ 23

固有種が教えてくれること／自然環境を守るために③

月　日

名前

かくれたパーツをさがして、完成させよう。

①
□龶　せ（める）

□《しっぱい》を□《せ》める。

②
□壬　ニン

□《だいひょう》に□《にんめい》する。

③
□充　トウ

□《でんとう》□《こうぎょう》を□《まな》ぶ。

④
□夋　サン

□《さんみ》が□《つよ》い。

⑤
龶□　ソ

□《そざい》を□《えら》ぶ。

⑥
□殳　セツ

□《たてもの》を□《せっけい》する。

光村5年①

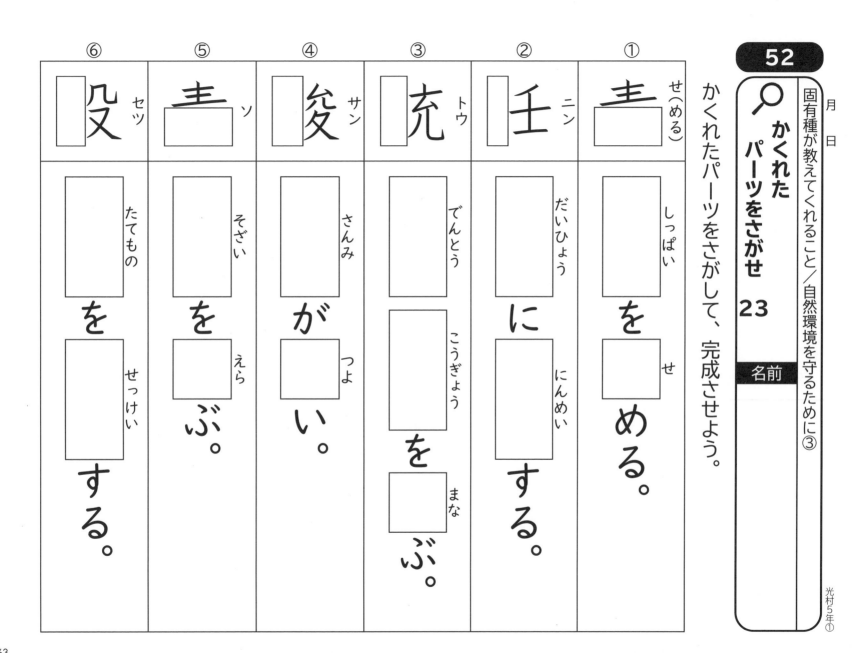

53

月　日

カンジー博士の暗号解読①

かくれたパーツをさがせ 24

名前

かくれたパーツをさがして、完成させよう。

①　□受《ジュ》
□《じゅぎょう》が□《はじ》まる。

②　□己《キ》
二十一□《せいき》

③　□才《ザイ》
□《たいせつ》な□《ざいさん》。

④　□𠂢《ミャク》
□《みゃく》はくが□《はや》い。

⑤　□戠《シキ》
□《そしき》の□《いちいん》。

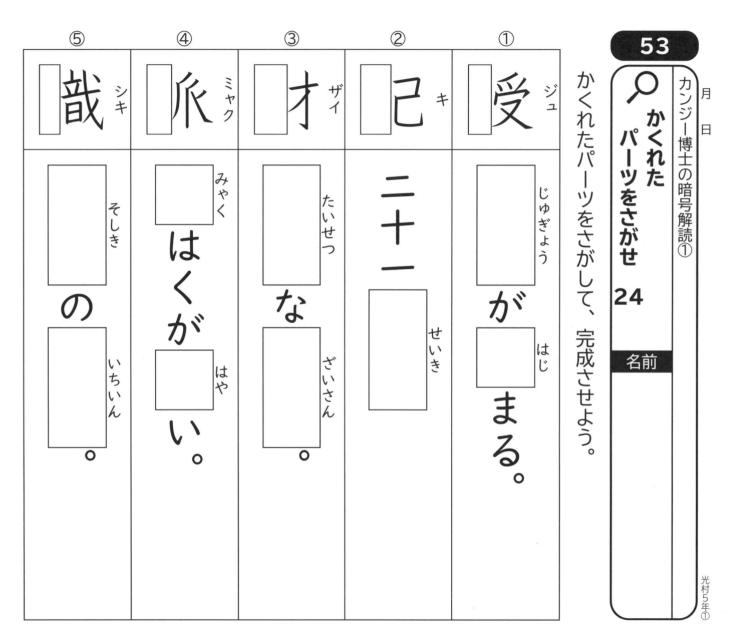

54

月　日

カンジー博士の暗号解読②

かくれたパーツをさがせ 25

名前

かくれたパーツをさがして、完成させよう。

①
□巩木（チク）

□《がっこう》を□《けんちく》する。

②
丨□（キュウ）

□《きゅうしき》の□《じどうしゃ》。

③
夫□（キ）

□《さんかく》□《じょうぎ》

④
貝□（ソク）

□《はんそく》□《ま》け。

⑤
□守（チョ）

お□《としだま》を□《ちょきん》。

光村5年①

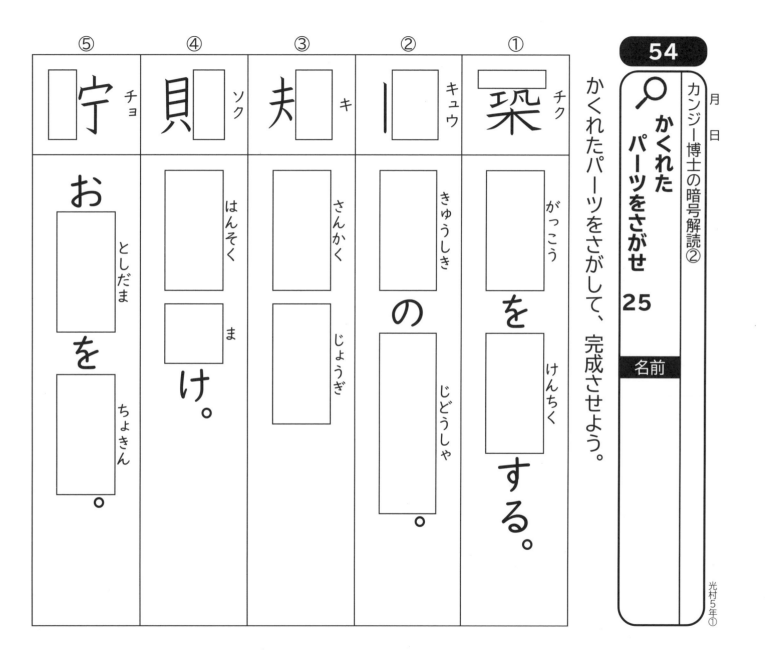

月　日

55

カンジー博士の暗号解読③

かくれたパーツをさがせ 26

名前

かくれたパーツをさがして、完成させよう。

①
开□《かた》
□《けつえきがた》

②
氵□《エキ》
□《けつえき》を□《しら》べる。

③
其□《キ》
□《きほん》を□《まな》ぶ。

④
客□《ガク》
□《はんがく》の□《おおやすう》り。

⑤
古□《コ》
□《じどうしゃ》の□《じこ》。

光村5年①

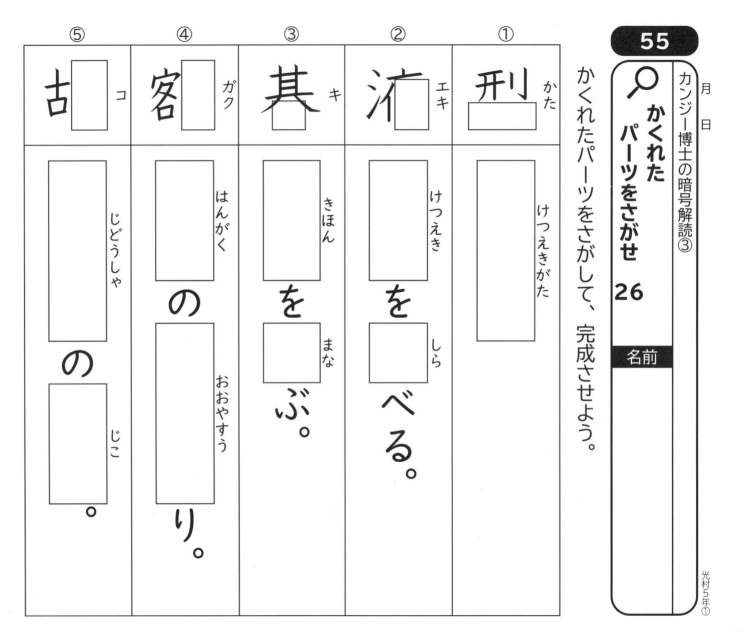

月　日

やなせたかし―アンパンマンの勇気①

かくれたパーツをさがせ 27

名前

かくれたパーツをさがして、完成させよう。

① □帚《フ》

□《ふじんふく》□《う》り□《ば》

② 求□《キュウ》

□《きゅうきゅうしゃ》で□《はこ》ぶ。

③ □各《カク》

□《しけん》に□《ごうかく》する。

④ □戠《ショク》

□《や》き□《もの》の□《しょくにん》。

⑤ □多《イ》

□《ほんばこ》を□《いどう》する。

⑥ 莫□《はか》

お□《はかまいり》に□《い》く。

光村5年①

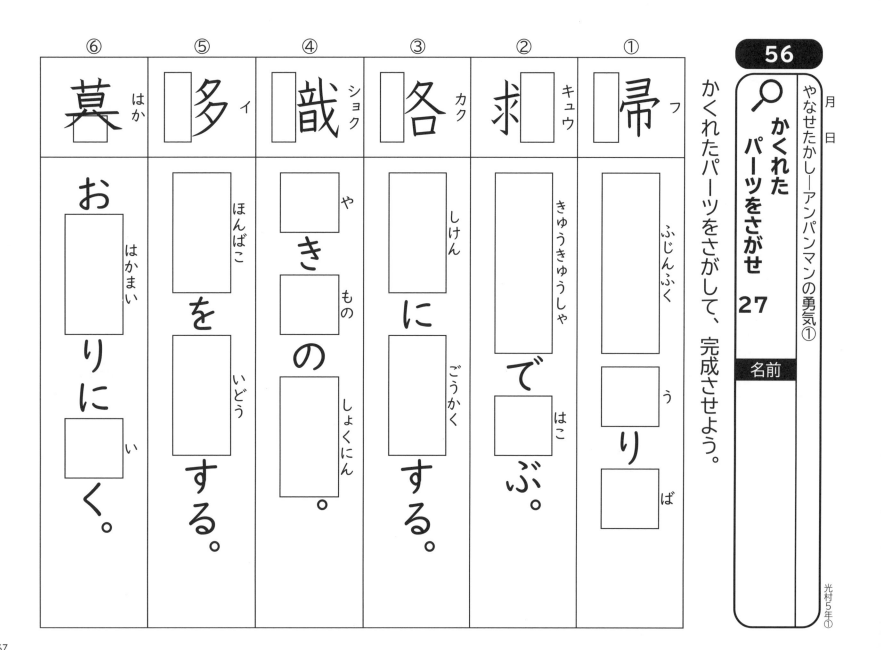

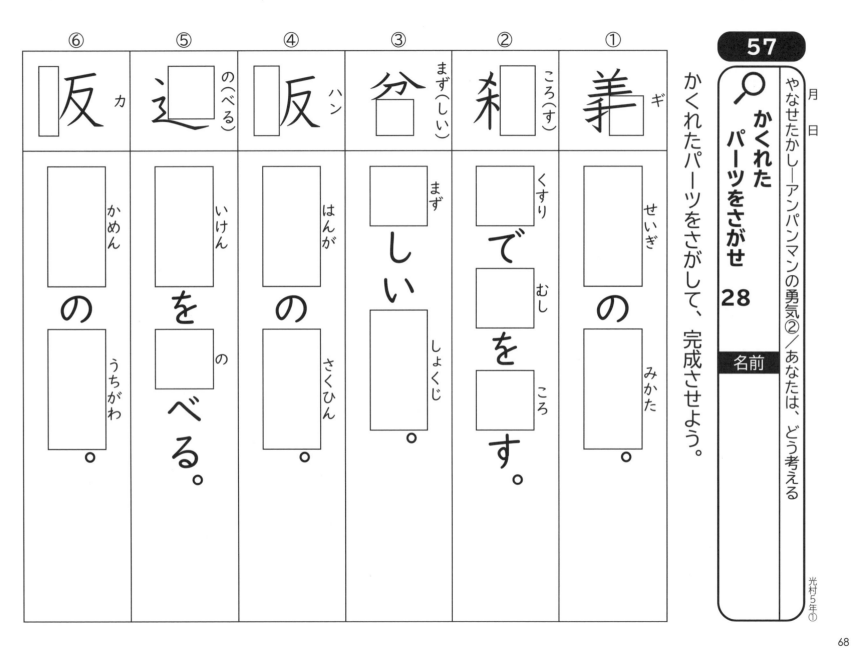

57

月　日

やなせたかし―アンパンマンの勇気②／あなたは、どう考える

かくれたパーツをさがせ 28

名前

かくれたパーツをさがして、完成させよう。

① □《ギ》

□《せいぎ》の□《みかた》。

② □《ころ(す)》

□《くすり》で□《むし》を□《ころ》す。

③ □《まず(しい)》

□《まず》しい□《しょくじ》。

④ □《ハン》

□《はんが》の□《さくひん》。

⑤ □《の(べる)》

□《いけん》を□《の》べる。

⑥ □《カ》

□《かめん》の□《うちがわ》。

光村5年①

58

月　日

✚ 漢字足し算 12

どちらを選びますか／新聞を読もう／文章に説とく力をもたせるには

名前

漢字の足し算をしよう。

＊答えの漢字でことばを作ろう。

① 彳＋日＋一＋寸＝□ → □

② ヒ＋匕＝□ → □

③ 正＋攵＝□ → □

④ 阝＋同＋ヨ＋六＝□ → □

⑤ 二＋小＝□ → □

⑥ 弓＋巨＋以＝□ → □

⑦ 亻＋冂＋古＋一＝□ → □

⑧ 十＋又＝□ → □

光村5年②

59

月　日

たずねびと①

＋漢字足し算 13

名前

漢字の足し算をしよう。

＊答えの漢字でことばを作ろう。

① 米＋辶＝□

② ナ＋丨＋土＝□

③ 犭＋中＋乀＝□

④ 厶＋廾＝□

⑤ 木＋八＋夬＝□

⑥ 扌＋日＋疋＝□

⑦ 冖＋大＋可＝□

⑧ 八＋二＋小＝□

光村5年②

月　日

たずねびと②／方言と共通語／よりよい学校生活のために①

60

＋漢字足し算 14

名前

漢字の足し算をしよう。

＊答えの漢字でことばを作ろう。

① 亻＋ム＝□→→→→→□

② 亻＋弋＋貝＝□→→→→→□

③ 亠＋㐅＋力＝□→→→→→□

④ 夂＋木＝□→→→→→□

⑤ 亻＋牛＝□→→→→→□

⑥ 亻＋口＋木＝□→→→→→□

⑦ 言＋平＝□→→→→→□

⑧ 亻＋西＝□→→→→→□

光村5年②

61

✚ 漢字足し算 15

よりよい学校生活のために②～和語・漢語・外来語

月　日

名前

漢字の足し算をしよう。

＊答えの漢字でことばを作ろう。

① 夫＋夫＋貝＝□→→→

② 一＋由＋女＝□→→→

③ 氵＋曰＋比＝□→→→

④ 九＋木＋隹＝□→→→

⑤ 田＋夂＋口＝□→→→

⑥ 扌＋⺍＋木＝□→→→

⑦ 木＋木＋示＝□→→→

⑧ ム＋月＋匕＋匕＝□→

光村5年②

月　日

固有種が教えてくれること／自然環境を守るために①

62

漢字足し算 16

名前

漢字の足し算をしよう。

＊答えの漢字でことばを作ろう。

① 冂 ＋ 同 ＋ 辶 ＝ □ ↓ ↓ ↓ □

② 禾 ＋ 口 ＋ 王 ＝ □ ↓ ↓ ↓ □

③ 曲 ＋ 一 ＋ 口 ＋ 丷 ＝ □ ↓ □

④ 大 ＋ 巾 ＝ □ ↓ ↓ ↓ ↓ ↓ □

⑤ 氵 ＋ 厂 ＋ 口 ＋ 戈 ＝ □ ↓ □

⑥ 言 ＋ 艹 ＋ 隹 ＋ 又 ＝ □ ↓ □

⑦ 一 ＋ 冂 ＋ 土 ＝ □ ↓ ↓ ↓ □

⑧ 扌 ＋ 丷 ＋ 田 ＋ 日 ＝ □ ↓ □

光村5年②

月　日

漢字足し算 17

固有種が教えてくれること／自然環境を守るために②

名前

光村5年②

漢字の足し算をしよう。

＊答えの漢字でことばを作ろう。

① 言＋正＝□ → → → □

② 龶＋貝＝□ → → → □

③ 亻＋丿＋士＝□ → → → □

④ 糸＋𠫓＋儿＝□ → → → □

⑤ 酉＋厶＋儿＋夂＝□ → □

⑥ 龶＋幺＋小＝□ → → → □

⑦ 言＋几＋又＝□ → → → □

月　日

64

カンジー博士の暗号解読①

漢字足し算 18

名前

漢字の足し算をしよう。

＊答えの漢字でことばを作ろう。

① 扌＋⺍＋冖＋又＝□→□

② 糸＋己＝□→□

③ 目＋八＋才＝□→□

④ 月＋丿＋⺁＝□→□

⑤ 糸＋音＋戈＝□→□

⑥ ⺮＋エ＋几＋木＝□→□

⑦ 丨＋日＝□→□

光村5年②

65

月　日

カンジー博士の暗号解読②

✚ 漢字足し算 19

名前

漢字の足し算をしよう。

＊答えの漢字でことばを作ろう。

① 夫＋目＋儿＝□

② 目＋ハ＋刂＝□

③ 貝＋宀＋丁＝□

④ 幵＋刂＋土＝□

⑤ 氵＋亠＋亻＋夂＝□

⑥ 甚＋八＋土＝□

⑦ 宀＋名＋丆＋貝＝□

⑧ 古＋攵＝□

光村5年②

66

月　日

やなせたかし―アンパンマンの勇気①

＋漢字足し算 20

名前

漢字の足し算をしよう。

① 女＋ヨ＋一＋巾＝□→□

② 求＋文＝□→□

③ 木＋夂＋口＝□→□

④ 耳＋音＋戈＝□→□

⑤ 禾＋夕＋夕＝□→□

⑥ 廿＋日＋六＋土＝□→□

＊答えの漢字でことばを作ろう。

光村5年②

月　日

67

漢字足し算 21

やなせたかし―アンパンマンの勇気②／あなたは、どう考える

光村5年②

名前

漢字の足し算をしよう。

＊答えの漢字でことばを作ろう。

① 𦍌 ＋ 手 ＋ 戈 ＝ □ → □

② 㐅 ＋ 木 ＋ 殳 ＝ □ → □

③ 八 ＋ 刀 ＋ 貝 ＝ □ → □

④ 片 ＋ 厂 ＋ 又 ＝ □ → □

⑤ 朩 ＋ 、 ＋ 辶 ＝ □ → □

⑥ 亻 ＋ 厂 ＋ 又 ＝ □ → □

月　日

足りないのはどこ（形をよく見て）8

名前

足りないところを見つけて、正しく書こう。

① 得《とく》点《てん》 → □

② 比《ひ》例《れい》 → □

③ 政《せい》府《ふ》 → □

④ 興《きょう》味《み》 → □

⑤ 指《し》示《じ》 → □

⑥ 三《しゅ》張《ちょう》 → □

⑦ 個《こ》数《すう》 → □

⑧ 支《し》店《てん》 → □

⑨ 述《まよ》い大《いぬ》 → □

⑩ 下《ふ》在《ざい》 → □

⑪ 独《どく》目《じ》 → □

⑫ 駅《えき》廾《べん》 → □

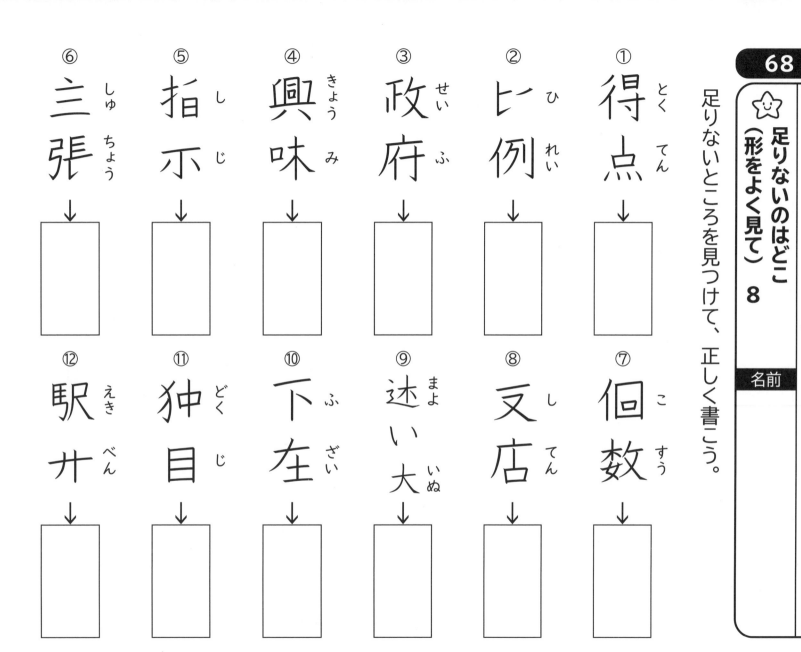

月　日

足りないのはどこ（形をよく見て）9

名前

足りないところを見つけて、正しく書こう。

① 検《けん》定《てい》 ↓ □

② 提《てい》案《あん》 ↓ □

③ 寄《き》付《ふ》 ↓ □

④ 余《よ》分《ぶん》 ↓ □

⑤ 大《だい》仏《ぶつ》 ↓ □

⑥ 貸《か》す ↓ □

⑦ 効《こう》果《か》 ↓ □

⑧ 条《じょう》件《けん》 ↓ □

⑨ 保《ほ》健《けん》 ↓ □

⑩ 評《ひょう》価《か》 ↓ □

⑪ 賛《さん》成《せい》 ↓ □

⑫ 夫《ふ》妻《さい》 ↓ □

70

月　日

和語・漢語・外来語／固有種が教えてくれること／自然環境を…①

足りないのはどこ（形をよく見て）10

名前

足りないところを見つけて、正しく書こう。

① 混《こん》同《どう》 → □

② 雑《ぞう》木《き》林《ばやし》 → □

③ 略《りゃく》図《ず》 → □

④ 採《さい》決《けつ》 → □

⑤ 禁《きん》止《し》 → □

⑥ 能《のう》力《りょく》 → □

⑦ 過《か》去《こ》 → □

⑧ 日《にっ》程《てい》 → □

⑨ 豊《ほう》富《ふ》 → □

⑩ 分《ぶん》布《ぷ》 → □

⑪ 減《げん》点《てん》 → □

⑫ 弁《べん》護《ご》 → □

光村5年③

月　日

固有種がおしえてくれること／自然環境を…②／カンジー博士の暗号解読①

71

足りないのはどこ（形をよく見て）11

名前

足りないところを見つけて、正しく書こう。

① 再《さい》会《かい》 ↓ □

② 増《ぞう》加《か》 ↓ □

③ 証《しょう》人《にん》 ↓ □

④ 責《せき》任《にん》 ↓ □

⑤ 任《にん》命《めい》 ↓ □

⑥ 統《とう》計《けい》 ↓ □

⑦ 炭《たん》酸《さん》 ↓ □

⑧ 素《そ》材《ざい》 ↓ □

⑨ 建《けん》設《せつ》 ↓ □

⑩ 教《きょう》授《じゅ》 ↓ □

⑪ 紀《き》行《こう》文《ぶん》 ↓ □

⑫ 文《ぶん》化《か》財《ざい》 ↓ □

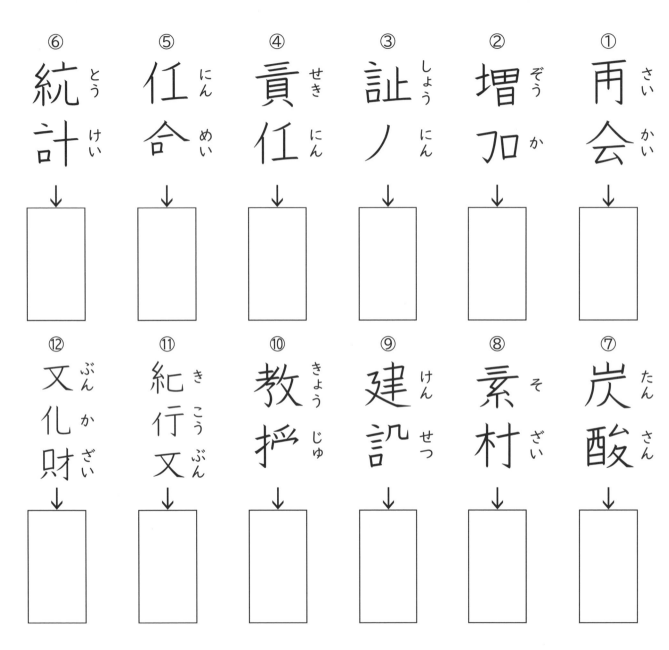

72

カンジー博士の暗号解読②

月　日

足りないのはどこ（形をよく見て）12

名前

足りないところを見つけて、正しく書こう。

① 動《どう》脈《みゃく》 ↓

② 織《おり》物《もの》 ↓

③ 新《しん》築《ちく》 ↓

④ 旧《きゅう》式《しき》 ↓

⑤ 規《き》定《てい》 ↓

⑥ 原《げん》則《そく》 ↓

⑦ 貯《ちょ》水《すい》池《ち》 ↓

⑧ 原《げん》型《けい》 ↓

⑨ 液《えき》体《たい》 ↓

⑩ 基《き》地《ち》 ↓

⑪ 半《はん》額《がく》 ↓

⑫ 事《じ》故《こ》 ↓

光村5年③

73

やなせたかし―アンパンマンの勇気／あなたは、どう考える

月　日

足りないのはどこ（形をよく見て）13

名前

足りないところを見つけて、正しく書こう。

① 主《しゅ》婦《ふ》 →
② 救《きゅう》助《じょ》 →
③ 体《たい》格《かく》 →
④ 職《しょく》業《ぎょう》 →
⑤ 移《い》転《てん》 →
⑥ 墓《ぼ》地《ち》 →
⑦ 意《い》義《ぎ》 →
⑧ 殺《さっ》風《ぷう》景《けい》 →
⑨ 貧《びん》ぼう →
⑩ 出《しゅっ》版《ぱん》 →
⑪ 記《き》述《じゅつ》 →
⑫ 仮《か》面《めん》 →

月　日

どちらを選びますか／新聞を読もう／文章に説とく力をもたせるには

漢字を入れよう 12

名前

光村5年④

文を読んで、ぴったりの漢字を入れよう。

①シュートを決めて、□意気な顔をする。

②父と、手の大きさを□べてみました。

③国会では、日本の□治について話し合われる。

④いろいろな読み物に、□味を持って読む。

⑤次の指□があるまで、教室で待ちましょう。

⑥つな引きで、力を合わせてつなを引っ□る。

⑦このリンゴは一□、百円で買った。

⑧手すりにつかまって、体を□える。

ヒント　個　示　支　興　比　得　張　政

75

月　日

たずねびと①

漢字を入れよう 13

名前

文を読んで、ぴったりの漢字を入れよう。

①暗い森の中で、道に□ってしまった。

②その物語は、実□した人物を題材にしている。

③好きなチームが、首位を□走している。

④遠足に行って、公園でお□当を食べた。

⑤機械がこわれていないか、点□をする。

⑥算数の宿題を、先生に□出する。

⑦学校の帰りに、□り道をしてはいけません。

⑧会場には、百人□りの人が集まった。

ヒント　在　独　余　提　寄　迷　検　弁

光村5年④

月　日

たずねびと②／方言と共通語／よりよい学校生活のために①

漢字を入れよう 14

名前

光村5年④

文を読んで、ぴったりの漢字を入れよう。

①奈良の東大寺は、大□が有名です。

②消しゴムをわすれた人に、□してあげる。

③薬を飲んだが、少しも□き目がない。

④外国と□約を結んで、実行する。

⑤けい察が、事□のことを調べている。

⑥けがをしたので、□健室で手当てをする。

⑦母の料理はおいしいと、みんなに好□だ。

⑧この服は大特□で、千円です。

ヒント　件　効　貸　条　価　評　仏　保

月　日

漢字を入れよう 15

よりよい学校生活のために②～和語・漢語・外来語

名前

文を読んで、ぴったりの漢字を入れよう。

①Aの意見には反対だが、Bには□成だ。

②父親ががんばって、□と子どもを守る。

③青色と黄色を□ぜると、緑色になる。

④庭に生えた□草の、草取りをする。

⑤細かい所を省□して、大まかに書く。

⑥家のうら山で、こん虫□集をした。

⑦この道路は、自動車は通行□止です。

⑧兄はスポーツのオ□があり、何でもできる。

ヒント　禁　妻　能　雑　混　賛　略　採

月　日

漢字を入れよう　16

名前

文を読んで、ぴったりの漢字を入れよう。

①特急電車が、小さな駅を通□する。

②レントゲンで、けがの□度を調べてもらう。

③天候が良く、今年はお米が大□作です。

④寒いので、毛□にくるまって温まる。

⑤病気をしたので、体重が□ってしまった。

⑥保健室には、養□の先生がいてくれる。

⑦転校していった友達に、□会する。

⑧この辺りは、人が□えてにぎやかになった。

ヒント　過　布　豊　再　程　増　減　護

漢字を入れよう 17

名前

文を読んで、ぴったりの漢字を入れよう。

①この人の無実は、わたしが□明します。

②人の失敗を、□めてはいけません。

③先生から、係の仕事を□せられた。

④この町の伝□工業は、和紙作りです。

⑤このみかんは□味が強く、とてもすっぱい。

⑥ダイヤモンドは、炭□からできている。

⑦エアコンの□定温度を高くする。

ヒント　任　責　統　設　酸　証　素

月　日

カンジー博士の暗号解読①

漢字を入れよう 18

名前

文を読んで、ぴったりの漢字を入れよう。

①チャイムが鳴って、□業が始まった。

②二〇〇一年は、二十一世□の始まりです。

③お金をかせいで、□産をたくわえる。

④お医者さんが、手首の□をはかる。

⑤毛糸で手□りのマフラーを作った。

⑥駅前で、新しいビルが建□中です。

⑦昔からある、細い□道を歩いた。

ヒント　脈　紀　築　財　旧　織　授

月　日

カンジー博士の暗号解読②

81

漢字を入れよう 19

名前

文を読んで、ぴったりの漢字を入れよう。

①算数で、三角定□を使って線を引く。

②サッカーでは、ボールを手でさわると反□だ。

③もらったお年玉を、全部□金する。

④あなたの血えき□は、何ですか。

⑤わたしの血□がたは、Aがたです。

⑥母から、料理の□本を教わった。

⑦計算機で、合計の金□を計算する。

⑧信号の前で、自動車の事□があった。

ヒント　基　液　貯　額　則　型　規　故

光村5年④

月　日

やなせたかし―アンパンマンの勇気①

漢字を入れよう 20

名前

文を読んで、ぴったりの漢字を入れよう。

① □人服売り場で、母のスカートを買った。

② けがをした人が、□急車で運ばれる。

③ 姉が、高校の入学試験に合□した。

④ あの人は、有名な植木□人です。

⑤ よく見えないので、前の席に□る。

⑥ おひがんに、先祖の□参りをする。

ヒント　格　救　移　職　墓　婦

光村5年④

月　日

やなせたかし―アンパンマンの勇気②／あなたは、どう考える

漢字を入れよう 21

名前

文を読んで、ぴったりの漢字を入れよう。

①悪者をやっつける、正□の味方が登場する。

②見つからないように、息を□してかくれる。

③お金がなく、□しい生活が続く。

④図工の時間に、ちょうこく刀で□画をほる。

⑤文の、主語と□語の関係を考える。

⑥もし□に、水が無くなったらどうしよう。

ヒント　貧　仮　版　義　述　殺

3学期

月　日

熟語の読み方①

かくれたパーツをさがせ 29

名前

かくれたパーツをさがして、完成させよう。

① □司《か(う)》
□《ことり》を□《か》う。

② □帛《わた》
□《わたげ》が□《と》ぶ。

③ 尸□《キョ》
□《きょうと》へ□《てんきょ》する。

④ □永《エイ》
□《えいえん》に□《つづ》く□《はなし》。

⑤ 久□《キュウ》
□《じきゅうりょく》の□《しょうぶ》。

⑥ 圭□《ドク》
□《くすり》で□《しょうどく》する。

光村5年①

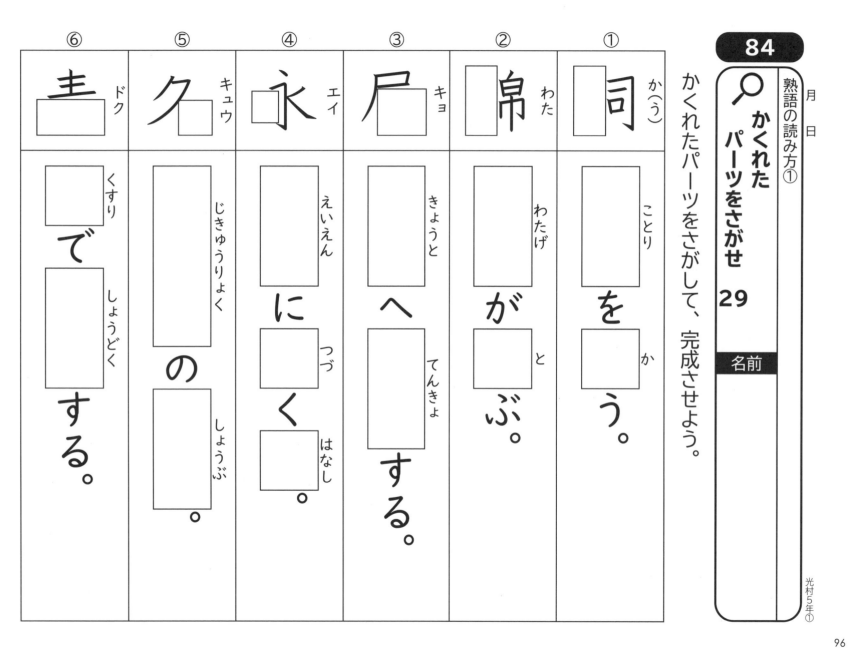

熟語の読み方②　月　日

かくれたパーツをさがせ

30

名前

かくれたパーツをさがして、完成させよう。

①
□呂《エイ》

□《ほんじつ》　□《えいぎょうちゅう》。

②
□㔾《ハン》

□《ほんとう》の□《はんにん》。

③
□冓《コウ》

□《こうしゅう》を□《う》ける。

④
𠂤□《シ》

□《しょうがっこう》の□《きょうし》。

⑤
□青《セイ》

□《せいしん》を□《しゅうちゅう》する。

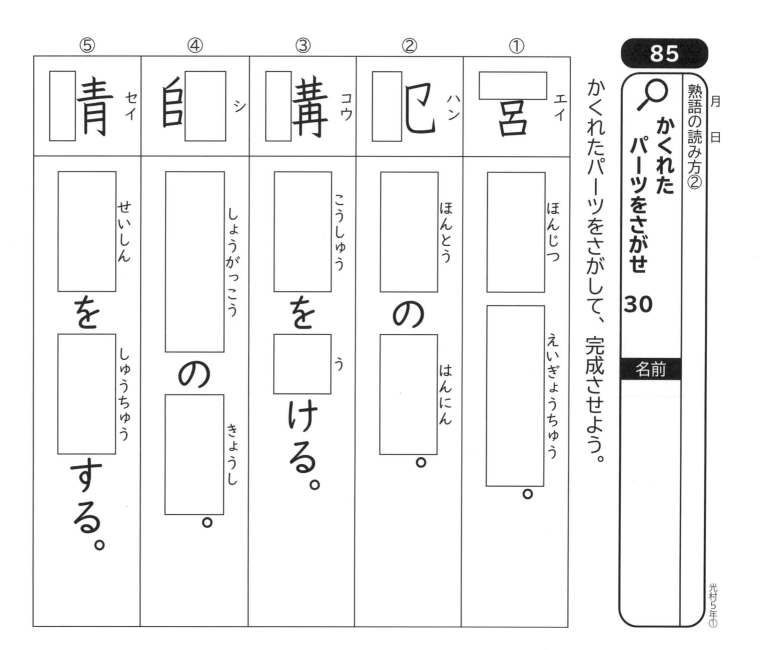

月　日

想像力のスイッチを入れよう／複合語①

かくれたパーツをさがせ 31

名前

かくれたパーツをさがして、完成させよう。

① □ な(れる)

□《な》れた□《て》つき。

② □ かこ(む)

□《いえ》を□《と》り□《かこ》む。

③ □ エキ

□《りえき》をあげる。

④ □ サイ

□《かさい》が□《はっせい》する。

⑤ □ えだ

□《き》の□《えだ》を□《き》る。

⑥ □ ヒ

□《しょうひしゃ》が□《か》う。

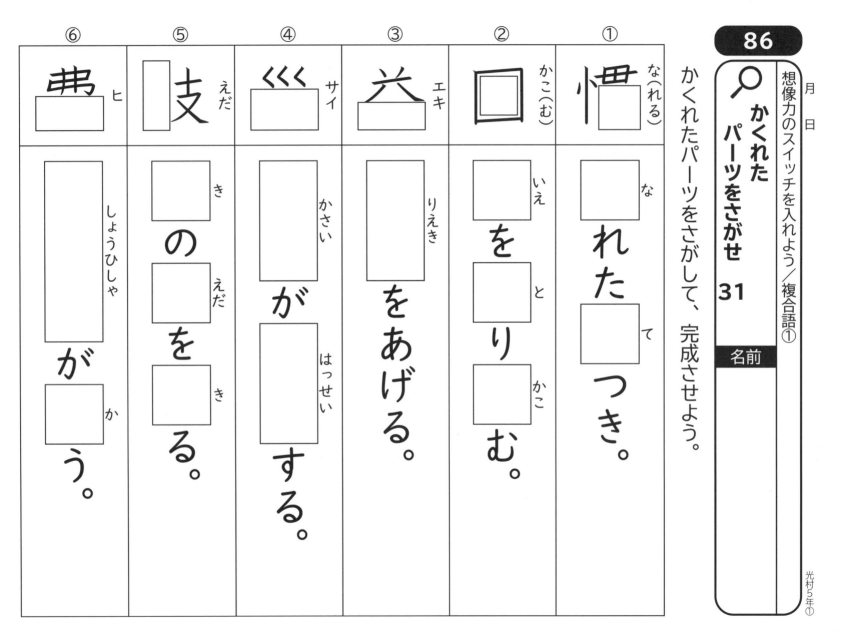

87

複合語②

月　日

かくれたパーツをさがせ　32

名前

かくれたパーツをさがして、完成させよう。

①	②	③	④	⑤
□兑《ゼイ》	□《セイ》	衛《エイ》	□井《たがや(す)》	扌□《ソン》
□《だいきん》の□《しょうひぜい》。	□《せいふく》を□《き》る。	□《じんこう》□《えいせい》	□《はたけ》を□《たがや》す。	□《だいそんがい》を□《う》ける。

光村5年①

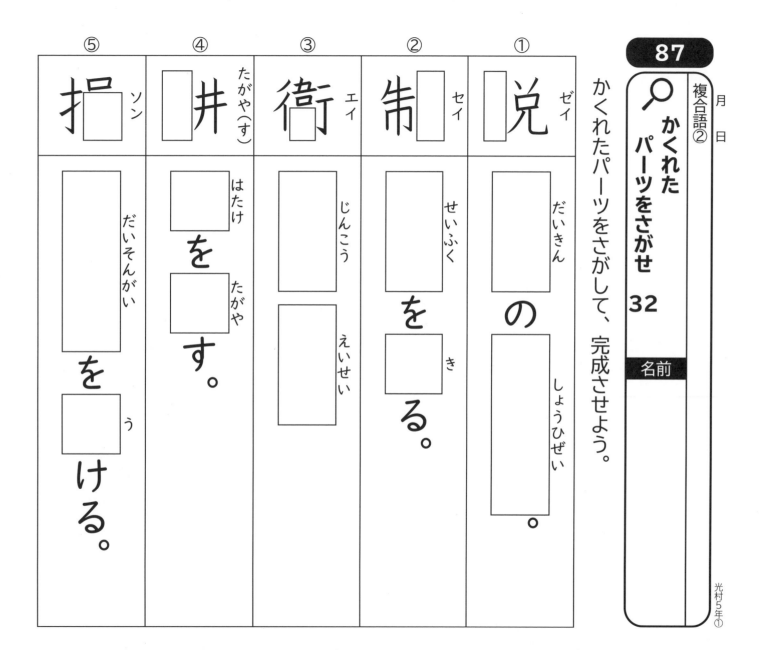

88

複合語③

月　日

かくれたパーツをさがせ 33

名前

かくれたパーツをさがして、完成させよう。

① □分《こ》

□《こむぎこ》で□《つく》る。

② □匀《キン》

□《へいきん》気温の□《きろく》。

③ □俞《ユ》

□《きかい》を□《ゆしゅつ》する。

④ 口《ダン》

□《しゅうだん》で□《げこう》する。

⑤ 務《ム》

□《かんり》

□《じむしょ》

光村5年①

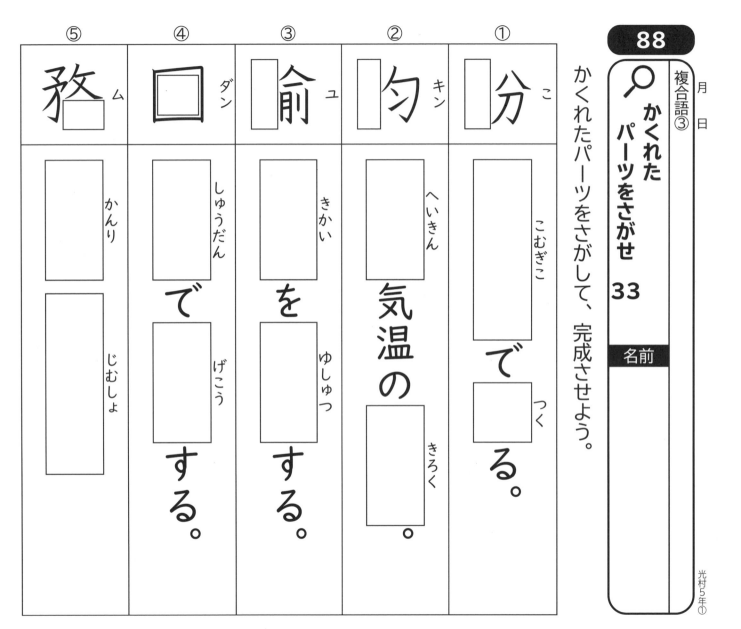

月　日

大造じいさんとガン

かくれたパーツをさがせ 34

名前

かくれたパーツをさがして、完成させよう。

① □夬（カイ）
□《くも》一つない□《かいせい》。

② □然（ネン）
□《ぎょせん》の□《ねんりょう》。

③ 玆（ひき(いる)）
□《がくせい》を□《ひき》いる。

④ 令□（リョウ）
□《いちぞく》の□《とうりょう》。

⑤ 道（ドウ）
□《がくせい》を□《しどう》する。

⑥ 尚（ドウ）
□《しょくどう》に□《あつ》まる。

光村5年①

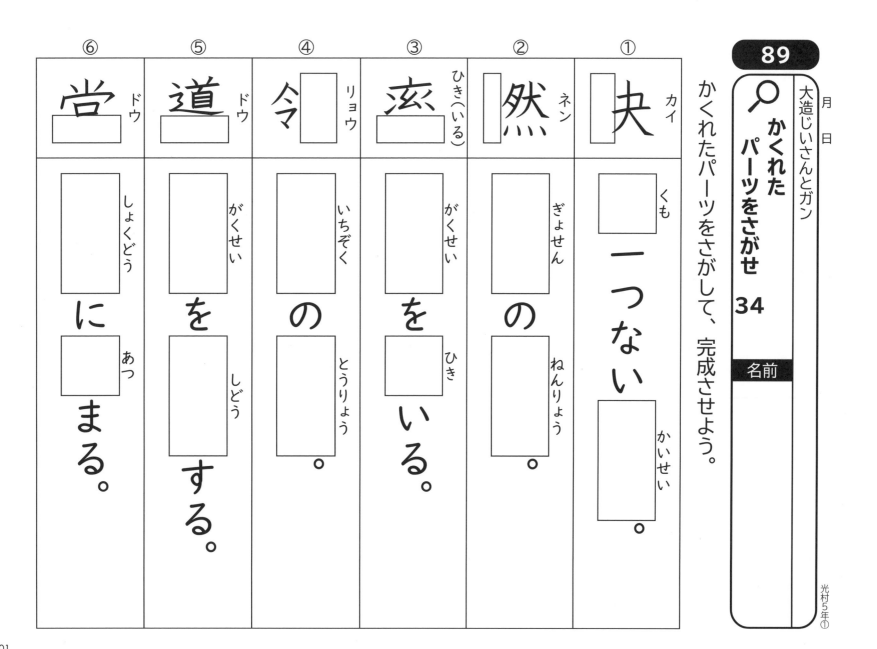

90

月　日

熟語の読み方①

＋漢字足し算 22

名前

漢字の足し算をしよう。

① 飠 ＋ 𠃌 ＋ 一 ＋ 口 ＝ □ → □

② 糸 ＋ 白 ＋ 巾 ＝ □ → □

③ 尸 ＋ 十 ＋ 口 ＝ □ → □

④ 丶 ＋ 𠃌 ＋ 八 ＝ □ → □

⑤ ク ＋ ㇏ ＝ □ → □

⑥ 圭 ＋ 殳 ＋ 一 ＝ □ → □

⑦ ⺍ ＋ 冖 ＋ 呂 ＝ □ → □

⑧ 犭 ＋ マ ＋ し ＝ □ → □

＊答えの漢字でことばを作ろう。

光村5年②

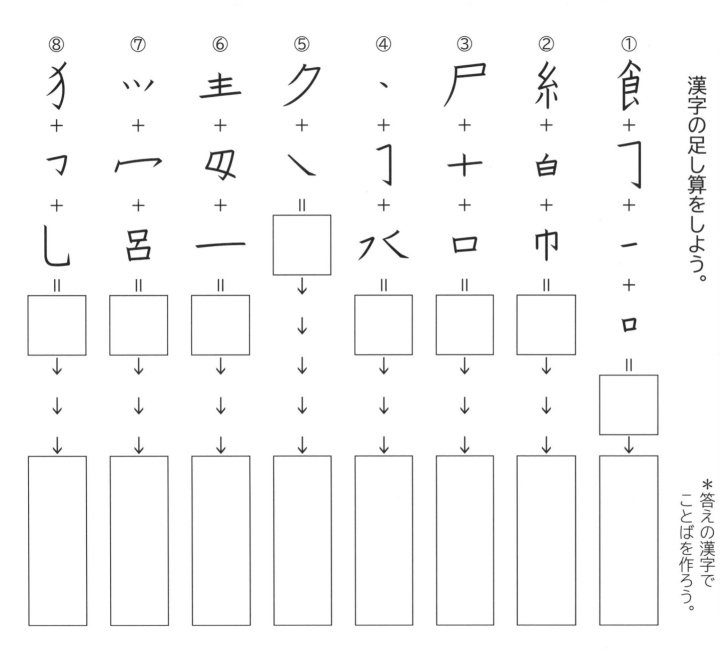

月　日

熟語の読み方②／想像力のスイッチを入れよう

漢字足し算 23

名前

漢字の足し算をしよう。

＊答えの漢字でことばを作ろう。

① 言 ＋ 井 ＋ 冉 ＝ □ ↓ ↓ ↓ □

② 白 ＋ 一 ＋ 巾 ＝ □ ↓ ↓ ↓ □

③ 米 ＋ 圭 ＋ 月 ＝ □ ↓ ↓ ↓ □

④ 忄 ＋ 田 ＋ 貝 ＝ □ ↓ ↓ ↓ □

⑤ 冂 ＋ 井 ＋ 一 ＝ □ ↓ ↓ ↓ □

⑥ 丷 ＋ 一 ＋ 八 ＋ 皿 ＝ □ ↓ □

⑦ 巛 ＋ 丷 ＋ 人 ＝ □ ↓ ↓ ↓ □

光村5年②

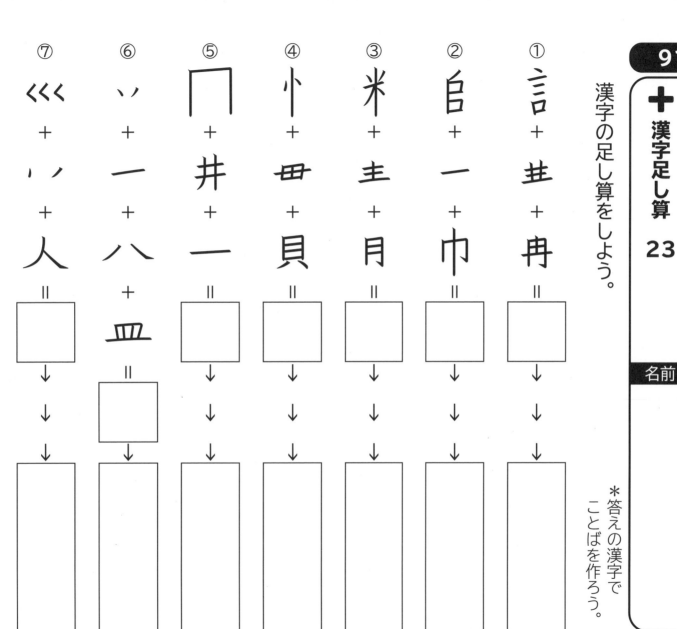

92

月　日

複合語①

＋漢字足し算 24

名前

漢字の足し算をしよう。

①　木＋十＋又＝□

②　⺕＋川＋貝＝□

③　禾＋ソ＋兄＝□

④　𠂉＋巾＋刂＝□

⑤　彳＋㕣＋午＋亍＝□

⑥　耒＋井＝□

＊答えの漢字でことばを作ろう。

光村5年②

月　日

複合語②

93

＋漢字足し算 25

名前

光村5年②

漢字の足し算をしよう。

＊答えの漢字でことばを作ろう。

① 扌 ＋ 口 ＋ 貝 ＝ □ → → → □

② 米 ＋ 八 ＋ 刀 ＝ □ → → → □

③ 土 ＋ 勹 ＋ ン ＝ □ → → → □

④ 車 ＋ へ ＋ 一 ＋ 刖 ＝ □ → □

⑤ 冂 ＋ 寸 ＋ 一 ＝ □ → → → □

⑥ 矛 ＋ 攵 ＋ 力 ＝ □ → → → □

月　日

大造じいさんとガン

94 ＋漢字足し算 26

名前

漢字の足し算をしよう。

＊答えの漢字でことばを作ろう。

① 忄＋コ＋人＝□→→→□

② 火＋夕＋犬＋灬＝□→□

③ 亠＋幺＋丷＋十＝□→□

④ 𠆢＋丶＋マ＋頁＝□→□

⑤ 首＋辶＋寸＝□→→→□

⑥ 𭕄＋口＋土＝□→→→□

光村5年②

月　日

95

熟語の読み方

足りないのはどこ（形をよく見て）14

名前

足りないところを見つけて、正しく書こう。

①　飼《し》育《いく》　↓　□

②　綿《めん》花《か》　↓　□

③　住《じゅう》居《きょ》　↓　□

④　永《えい》遠《えん》　↓　□

⑤　持《じ》久《きゅう》走《そう》　↓　□

⑥　毒《どく》物《ぶつ》　↓　□

⑦　運《うん》営《えい》　↓　□

⑧　防《ぼう》犯《はん》　↓　□

⑨　講《こう》師《し》　↓　□

⑩　漁《りょう》師《し》　↓　□

⑪　精《せい》神《しん》　↓　□

光村5年③

96

月　日

想像力のスイッチを入れよう／複合語①

足りないのはどこ（形をよく見て）15

名前

足りないところを見つけて、正しく書こう。

① 習《しゅう》慣《かん》 → □

② 周《しゅう》囲《い》 → □

③ 利《り》益《えき》 → □

④ 災《さい》害《がい》 → □

⑤ 枝《えだ》道《みち》 → □

⑥ 消《しょう》費《ひ》 → □

⑦ 税《ぜい》金《きん》 → □

⑧ 体《たい》制《せい》 → □

⑨ 守《しゅ》衛《えい》 → □

⑩ 耕《こう》地《ち》 → □

⑪ 損《そん》失《しつ》 → □

光村5年③

月　日

足りないのはどこ（形をよく見て）16

名前

足りないところを見つけて、正しく書こう。

① 花《か》粉《ふん》 →

② 均《きん》等《とう》 →

③ 輸《ゆ》出《しゅつ》 →

④ 団《だん》休《たい》 →

⑤ 事《じ》務《む》 →

⑥ 軽《けい》快《かい》 →

⑦ 燃《ねん》料《りょう》 →

⑧ 勝《しょう》率《りつ》 →

⑨ 領《りょう》十《ど》 →

⑩ 指《し》導《どう》 →

⑪ 公《こう》会《かい》堂《どう》 →

98

漢字を入れよう 22

熟語の読み方①

月　日

名前

文を読んで、ぴったりの漢字を入れよう。

①ぼくの家では、犬とねこを□っている。

②お祭りで、ふわふわの□あめを買いました。

③大昔の、住□のあとが発見された。

④人の命は、□遠には続かない。

⑤このプールで泳ぐのは、□しぶりだ。

⑥森の中で、□きのこを見つける。

⑦このお店は、元日から□業している。

⑧名たんていが、真□人をつきとめた。

ヒント　綿　毒　永　営　久　犯　飼　居

光村5年④

99

月　日

熟語の読み方②／想像力のスイッチを入れよう

漢字を入れよう 23

名前

文を読んで、ぴったりの漢字を入れよう。

①夏休みに、じゅくの夏期□習を受ける。

②おばは、中学校の教□をしています。

③ご飯を食べるのもわすれて、勉強に□を出す。

④ひと月たち、新しい学校生活にも□れてきた。

⑤家族全員で、なべを□んで食べた。

⑥会社は今年度、大きな利□をあげた。

⑦火□にそなえて、ひなん訓練を行う。

ヒント　囲　師　慣　益　講　災　精

光村5年④

100

複合語①

月　日

漢字を入れよう 24

名前

文を読んで、ぴったりの漢字を入れよう。

①太い道から、細い道が□分かれしている。

②この会の年会□は、三千円です。

③買い物をすると、代金に消ひ□がかかる。

④学校に行くときは、□服を着ていく。

⑤夜空に、人工□星が光っている。

⑥くわで畑を□して、球根を植えた。

ヒント　衛　費　枝　制　耕　税

光村5年④

月　日

複合語②

漢字を入れよう 25

名前

文を読んで、ぴったりの漢字を入れよう。

①台風で、りんご農家が□害を受ける。

②小麦□をこねて、パンを作った。

③テストの平□点は、八十点でした。

④日本は、外国から多くの品物を□入している。

⑤あぶなくないように、集□で下校する。

⑥気分が悪くなり、医□室で手当てを受ける。

ヒント　輸　団　粉　損　均　務

光村5年④

102

月　日

大造じいさんとガン

漢字を入れよう 26

名前

文を読んで、ぴったりの漢字を入れよう。

①今日の運動会は、雲一つ無い□晴です。

②かまどの中で、メラメラと火が□えている。

③ヒットを二本打ったので、打□が上がった。

④他の国と、□土の問題を話し合う。

⑤白バイが、マラソンランナーを先□して走る。

⑥食□で、カレーライスを注文する。

ヒント　率　導　快　燃　堂　領

光村5年④

答え

（解答例）

🔍 かくれたパーツをさがせ【答え】
・1学期 116 ・2学期 128 ・3学期 138

✚ 漢字足し算【答え・ことばの例】
・1学期 120 ・2学期 131 ・3学期 139

⭐ 足りないのはどこ（形をよく見て）【答え】
・1学期 123 ・2学期 133 ・3学期 140

✏️ 漢字を入れよう【答え】

1

かんがえるのって　おもしろい／銀色の裏地①

月　日

1　かくれたパーツをさがせ　1

名前

かくれたパーツをさがして、完成させよう。

① 像（ゾウ）　未来《みらい》を想像《そうぞう》する。

② 経（ケイ）　経験《けいけん》から考《かんが》える。

③ 情（ジョウ）　愛情《あいじょう》を感《かん》じる。

④ 象（ショウ）　気象台《きしょうだい》の仕事《しごと》。

⑤ 絶（ゼツ）　絶対《ぜったい》に勝《か》つ。

⑥ 厚（あつ（い））　厚《あつ》い本《ほん》を読《よ》む。

光村5年①

2

銀色の裏地②／図書館を使いこなそう①

月　日

2　かくれたパーツをさがせ　2

名前

かくれたパーツをさがして、完成させよう。

① 賞（ショウ）　野球《やきゅう》大会で入賞《にゅうしょう》。

② 状（ジョウ）　一位《いちい》の賞状《しょうじょう》。

③ 喜（よろこ（ぶ））　勝《か》って喜《よろこ》ぶ。

④ 解（カイ）　話《はなし》を理解《りかい》する。

⑤ 容（ヨウ）　内容《ないよう》を考《かんが》える。

⑥ 技（ギ）　特技《とくぎ》を発表《はっぴょう》する。

3

図書館を使いこなそう②

月　日

3　かくれたパーツをさがせ　3

名前

かくれたパーツをさがして、完成させよう。

① 術（ジュツ）　目《め》の手術《しゅじゅつ》をする。

② 適（テキ）　適切《てきせつ》な使《つか》い方《かた》。

③ 許（キョ）　特許《とっきょ》を取《と》る発明《はつめい》。

④ 可（カ）　法案《ほうあん》を可決《かけつ》する。

⑤ 複（フク）　複数《ふくすう》の問題《もんだい》。

光村5年①

4

漢字の成り立ち①

月　日

4　かくれたパーツをさがせ　4

名前

かくれたパーツをさがして、完成させよう。

① 構（コウ）　構成《こうせい》を変《か》える。

② 桜（さくら）　桜《さくら》が満開《まんかい》になる。

③ 銅（ドウ）　銅貨《どうか》を集《あつ》める。

④ 破（やぶ（る））　約束《やくそく》を破《やぶ》る。

⑤ 修（シュウ）　機械《きかい》を修理《しゅうり》する。

⑥ 復（フク）　勉強《べんきょう》の復習《ふくしゅう》。

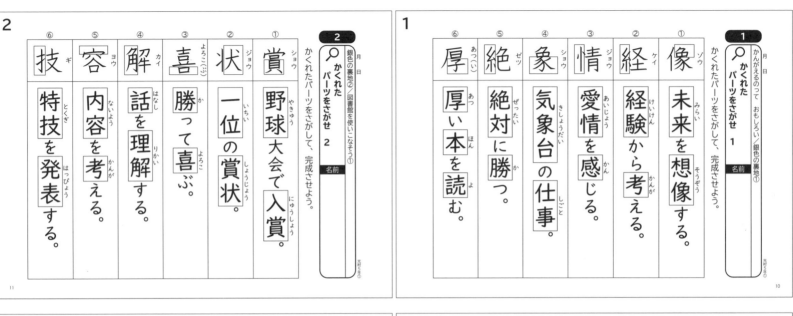

5

5
漢字の成り立ち②
月　日
かくれたパーツをさがせ　5
名前

かくれたパーツをさがして、完成させよう。

①	眼《ガン》	肉眼《にくがん》で見《み》える。
②	停《テイ》	電車《でんしゃ》の停車駅《ていしゃえき》。
③	祖《ソ》	祖母《そぼ》は元気《げんき》です。
④	準《ジュン》	準決勝《じゅんけっしょう》に進《すす》む。
⑤	備《そな(える)》	台風《たいふう》に備《そな》える。
⑥	貿《ボウ》	外国《がいこく》との貿易《ぼうえき》。

光村5年①
14

6

6
漢字の成り立ち③／きいて、きいて、きいてみよう①
月　日
かくれたパーツをさがせ　6
名前

かくれたパーツをさがして、完成させよう。

①	易《イ》	安易《あんい》な考《かんが》え。
②	際《サイ》	国際《こくさい》会議場《かいぎじょう》
③	潔《ケツ》	清潔《せいけつ》な台所《だいどころ》。
④	質《シツ》	先生《せんせい》に質問《しつもん》する。
⑤	報《ホウ》	報告書《ほうこくしょ》を書《か》く。
⑥	告《コク》	新聞《しんぶん》広告《こうこく》を見《み》る。

光村5年①
15

7

7
きいて、きいて、きいてみよう②／見立てる～げんいんと結果①
月　日
かくれたパーツをさがせ　7
名前

かくれたパーツをさがして、完成させよう。

①	属《ゾク》	銀色《ぎんいろ》の金属《きんぞく》。
②	確《カク》	正確《せいかく》に聞《き》き取《と》る。
③	識《シキ》	知識《ちしき》を深《ふか》める。
④	因《イン》	原因《げんいん》をさぐる。
⑤	造《ゾウ》	機械《きかい》を改造《かいぞう》する。
⑥	似《に(る)》	母親《ははおや》に似《に》る。

光村5年①
16

8

8
見立てる～原因と結果②／敬語①
月　日
かくれたパーツをさがせ　8
名前

かくれたパーツをさがして、完成させよう。

①	限《ゲン》	体力《たいりょく》の限界《げんかい》。
②	留《リュウ》	外国《がいこく》に留学《りゅうがく》する。
③	現《ゲン》	現場《げんば》に着《つ》く。
④	接《セツ》	直接《ちょくせつ》会《あ》う。
⑤	応《オウ》	取材《しゅざい》に応《おう》じる。
⑥	勢《セイ》	人《ひと》が大勢《おおぜい》集《あつ》まる。

光村5年①
17

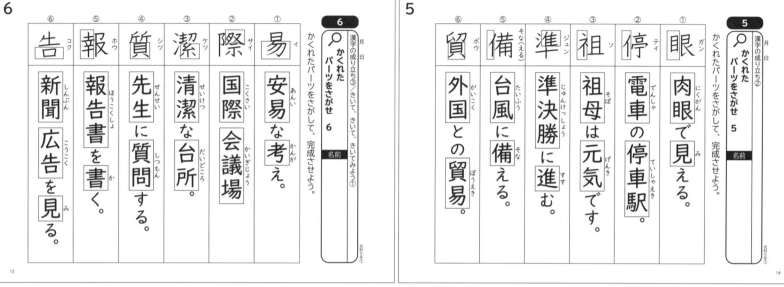

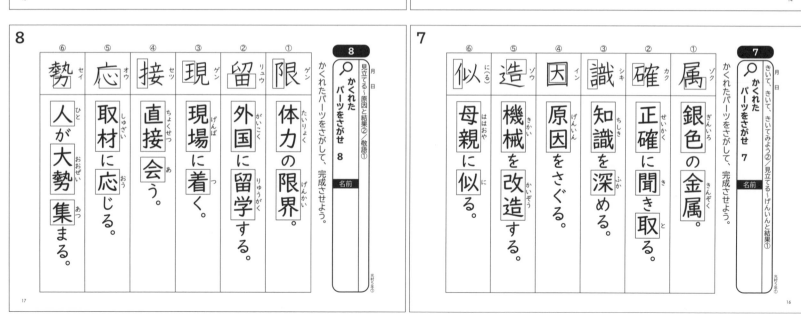

9

9　敬語②　月　日

かくれたパーツをさがせ 9

名前

かくれたパーツをさがして、完成させよう。

① 河 カ　銀河《ぎんが》鉄道《てつどう》

② 歴 レキ　歴代《れきだい》の社長《しゃちょう》。

③ 史 シ　日本史《にほんし》の勉強《べんきょう》。

④ 幹 カン　新幹線《しんかんせん》に乗《の》る。

⑤ 招 ショウ　家《いえ》に招待《しょうたい》する。

光村5年①

10

10　日じょうを十七音で／古典の世界（一）　月　日

かくれたパーツをさがせ 10

名前

かくれたパーツをさがして、完成させよう。

① 句 ク　語句《ごく》の意味《いみ》。

② 常 ジョウ　平常《へいじょう》通《どお》り。

③ 序 ジョ　順序《じゅんじょ》よく書《か》く。

④ 武 ブ　武士《ぶし》が刀《かたな》を差《さ》す。

⑤ 士 シ　電車《でんしゃ》の運転士《うんてんし》。

光村5年①

11

11　目的に応じて引用するとき／みんなが使いやすいデザイン　月　日

かくれたパーツをさがせ 11

名前

かくれたパーツをさがして、完成させよう。

① 資 シ　資料《しりょう》を集《あつ》める。

② 査 サ　健康《けんこう》調査《ちょうさ》をする。

③ 性 セイ　生《い》き物《もの》の習性《しゅうせい》。

④ 非 ヒ　非科学的《ひかがくてき》な考《かんが》え。

⑤ 総 ソウ　総合点《そうごうてん》の計算《けいさん》。

光村5年①

12

12　同じ読み方の漢字①　月　日

かくれたパーツをさがせ 12

名前

かくれたパーツをさがして、完成させよう。

① 測 ソク　天体《てんたい》を観測《かんそく》する。

② 舎 シャ　校舎《こうしゃ》を建《た》てる。

③ 往 オウ　車《くるま》が往来《おうらい》する。

④ 演 エン　感動的《かんどうてき》な演説《えんぜつ》。

⑤ 刊 カン　朝刊《ちょうかん》と夕刊《ゆうかん》。

⑥ 肥 ヒ　植物《しょくぶつ》の肥料《ひりょう》。

光村5年①

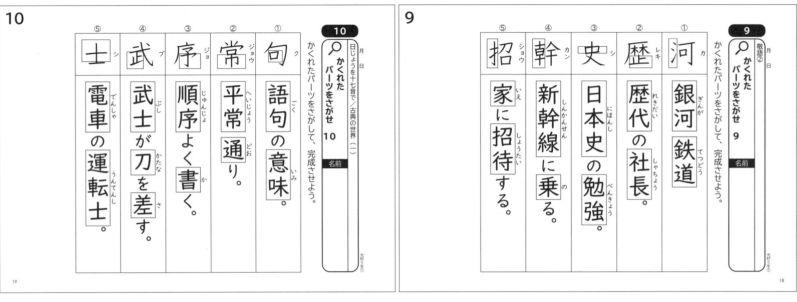

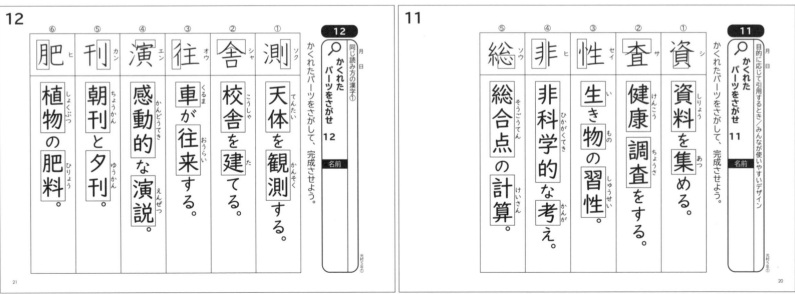

13

同じ読み方の漢字②

かくれたパーツをさがせ 13

名前

かくれたパーツをさがして、完成させよう。

① 製《セイ》　母《はは》の特製《とくせい》の料理《りょうり》。

② 謝《シャ》　感謝《かんしゃ》の気持《きも》ち。

③ 罪《ザイ》　無罪《むざい》を勝《か》ち取《と》る。

④ 暴《ボウ》　暴力《ぼうりょく》に反対《はんたい》する。

⑤ 防《ボウ》　消防車《しょうぼうしゃ》が走《はし》る。

⑥ 鉱《コウ》　鉱山《こうざん》で鉄《てつ》をほる。

14

同じ読み方の漢字③／作家で広げるわたしたちの読書／モモ①

かくれたパーツをさがせ 14

名前

かくれたパーツをさがして、完成させよう。

① 績《セキ》　算数《さんすう》の成績《せいせき》。

② 志《シ》　強《つよ》い意志《いし》を持《も》つ。

③ 航《コウ》　船《ふね》で航海《こうかい》する。

④ 夢《ゆめ》　楽《たの》しい夢《ゆめ》を見《み》る。

⑤ 編《ヘン》　新聞《しんぶん》を編集《へんしゅう》する。

⑥ 険《ケン》　険悪《けんあく》な空気《くうき》。

15

作家で広げるわたしたちの読書／モモ②

かくれたパーツをさがせ 15

名前

かくれたパーツをさがして、完成させよう。

① 断《ダン》　無断《むだん》で外出《がいしゅつ》する。

② 境《キョウ》　国境《こっきょう》をこえる。

③ 態《タイ》　態度《たいど》を改《あらた》める。

④ 逆《ギャク》　試合《しあい》で逆転《ぎゃくてん》勝《が》ち。

⑤ 判《ハン》　野球《やきゅう》のしん判《ぱん》。

⑥ 圧《アツ》　血圧《けつあつ》が高《たか》い。

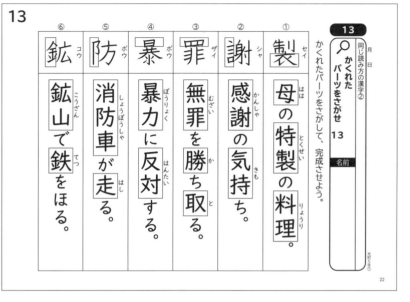

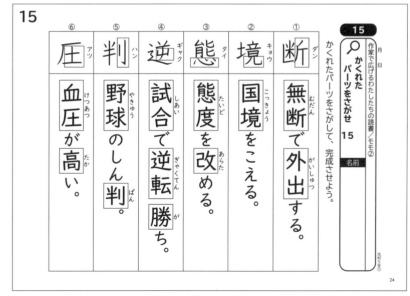

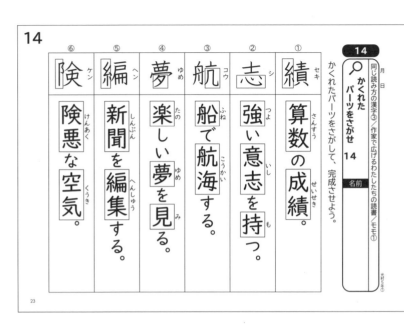

16

16 漢字足し算 1

かんがえるのって おもしろい／銀色の裏地①

月 日

名前

漢字の足し算をしよう。

① 亻＋⺈＋罒＋豕＝像 → 画像
② 糸＋又＋土＝経 → 経路
③ 忄＋龶＋月＝情 → 情熱
④ ⺈＋罒＋豕＝象 → 印象
⑤ 糸＋⺈＋巴＝絶 → 絶望
⑥ 厂＋日＋子＝厚 → 厚紙
⑦ ⺌冖＋口＋貝＝賞 → 賞品
⑧ 丬＋大＋丶＝状 → 賞状

＊答えの漢字でことばを作ろう。

光村5年②

25

17

17 漢字足し算 2

銀色の裏地②／図書館を使いこなそう①

月 日

名前

漢字の足し算をしよう。

① 士＋口＋䒑＋口＝喜 → 喜ぶ
② 角＋刀＋牛＝解 → 分解
③ 宀＋𠔉＋口＝容 → 容量
④ 扌＋十＋又＝技 → 競技
⑤ 彳＋朮＋亍＝術 → 芸術
⑥ 亠冂＋古＋辶＝適 → 適当
⑦ 言＋𠂉＋十＝許 → 許可
⑧ 一＋口＋亅＝可 → 不可

＊答えの漢字でことばを作ろう。

光村5年②

26

18

18 漢字足し算 3

図書館を使いこなそう②／漢字の成り立ち①

月 日

名前

漢字の足し算をしよう。

① 衤＋𠂉＋日＋夊＝複 → 複数
② 木＋井＋冉＝構 → 構成
③ 木＋⺍＋女＝桜 → 夜桜
④ 金＋冂＋𠮛＝銅 → 銅像
⑤ 石＋厂＋又＝破 → 破産
⑥ 亻＋丨＋夂＋彡＝修 → 修正
⑦ 彳＋𠂉＋日＋夊＝復 → 回復
⑧ 目＋彐＋く＝眼 → 近眼

＊答えの漢字でことばを作ろう。

光村5年②

27

19

19 漢字足し算 4

漢字の成り立ち②

月 日

名前

漢字の足し算をしよう。

① 亻＋古＋冖＋丁＝停 → 停電
② 礻＋月＋一＝祖 → 祖先
③ 氵＋隹＋十＝準 → 水準
④ 亻＋卄＋ノ＋用＝備 → 予備
⑤ 𠂎＋刀＋貝＝貿 → 貿易
⑥ 日＋勿＝易 → 交易
⑦ 阝＋夕＋又＋示＝際 → 実際
⑧ 氵＋龶＋刀＋糸＝潔 → 潔白

＊答えの漢字でことばを作ろう。

光村5年②

28

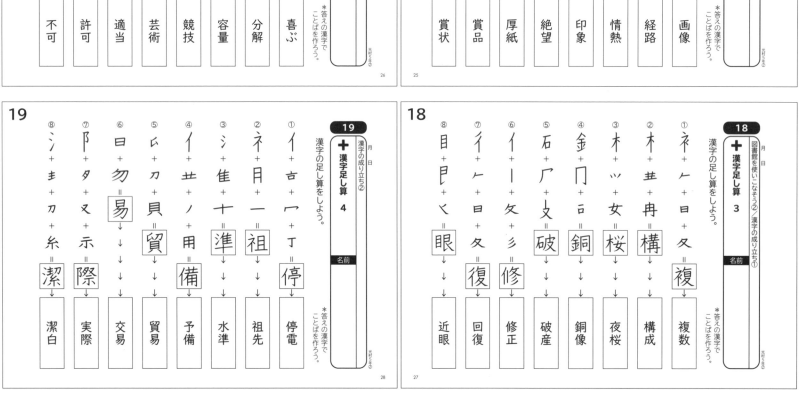

20

20 漢字足し算 5

きいて、きいて、きいてみよう／見立てる～原いんと結果①

月　日　名前

漢字の足し算をしよう。

＊答えの漢字でことばを作ろう。

① 斤＋斤＋貝＝質 → 体質
② 土＋羊＋卩＋又＝報 → 報道
③ ノ＋土＋口＝告 → 予告
④ 尸＋ノ＋口＋禸＝属 → 金属
⑤ 石＋冖＋隹＝確 → 確実
⑥ 言＋音＋戈＝識 → 意識
⑦ 冂＋大＋一＝因 → 要因
⑧ 生＋口＋辶＝造 → 改造

光村5年②　29

21

21 漢字足し算 6

見立てる～原因と結果②／敬語①

月　日　名前

漢字の足し算をしよう。

＊答えの漢字でことばを作ろう。

① 亻＋ㇾ＋人＝似 → 似顔絵
② 阝＋艮＋く＝限 → 限界
③ ム＋刀＋田＝留 → 留守
④ 王＋目＋儿＝現 → 現金
⑤ 扌＋立＋女＝接 → 接続
⑥ 广＋心＝応 → 応用
⑦ 圥＋土＋丸＋力＝勢 → 勢力
⑧ 氵＋口＋亅＝河 → 運河

光村5年②　30

22

22 漢字足し算 7

敬語②／日じょうを十七音で

月　日　名前

漢字の足し算をしよう。

＊答えの漢字でことばを作ろう。

① 厂＋林＋止＝歴 → 歴代
② 口＋人＝史 → 日本史
③ 𠦝＋人＋干＝幹 → 幹部
④ 扌＋刀＋口＝招 → 招待
⑤ 勹＋口＝句 → 文句
⑥ 龸＋口＋巾＝常 → 常温
⑦ 广＋マ＋丁＝序 → 順序

光村5年②　31

23

23 漢字足し算 8

古典の世界（一）～みんなが使いやすいデザイン

月　日　名前

漢字の足し算をしよう。

＊答えの漢字でことばを作ろう。

① 二＋止＋㇂＝武 → 武器
② 十＋一＝士（別解 土） → 運転士
③ 冫＋欠＋貝＝資 → 資料
④ 木＋目＋一＝査 → 調査
⑤ 忄＋生＝性 → 習性
⑥ 非(左)＋非(右)＝非 → 非公式
⑦ 糸＋公＋心＝総 → 総合

光村5年②　32

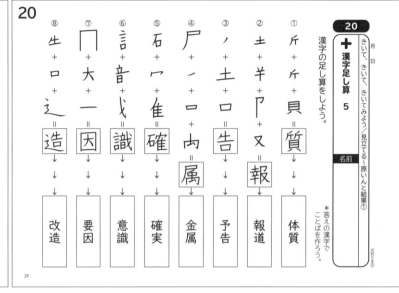

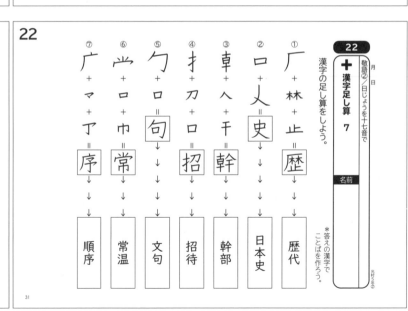

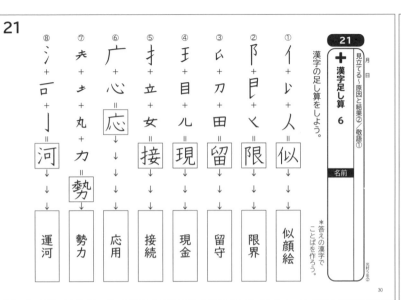

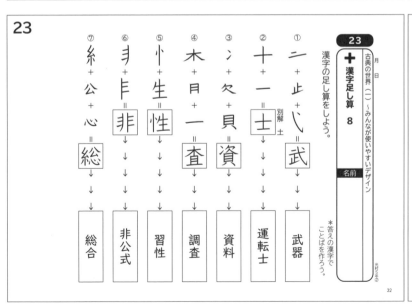

24

24 月 日 同じ読み方の漢字①

漢字足し算 9

名前

漢字の足し算をしよう。

＊答えの漢字でことばを作ろう。

① 氵＋貝＋刂＝測 → 計測
② 人＋土＋口＝舎 → 宿舎
③ 彳＋、＋王＝往 → 往路
④ 氵＋宀＋亩＋八＝演 → 演説
⑤ 干＋刂＝刊 → 新刊
⑥ 月＋巴＝肥 → 肥満
⑦ 𫝀＋刂＋衣＝製 → 製品
⑧ 言＋身＋寸＝謝 → 感謝

光村5年②

25

25 月 日 同じ読み方の漢字②／作家で広げるわたしたちの読書／モモ①

漢字足し算 10

名前

漢字の足し算をしよう。

＊答えの漢字でことばを作ろう。

① 罒＋ヨ＋ヨ＝罪 → 有罪
② 日＋龷＋八＋氺＝暴 → 暴力
③ 阝＋亠＋ク＝防 → 予防
④ 金＋广＋ム＝鉱 → 鉱山
⑤ 糸＋龶＋貝＝績 → 成績
⑥ 士＋心＝志 → 意志
⑦ 舟＋亠＋几＝航 → 航海
⑧ 艹＋罒＋冖＋夕＝夢 → 夢中

光村5年②

26

26 月 日 作家で広げるわたしたちの読書／モモ②

漢字足し算 11

名前

漢字の足し算をしよう。

＊答えの漢字でことばを作ろう。

① 糸＋戸＋冊＝編 → 編集
② 阝＋人＋央＝険 → 険悪
③ 米＋𠃊＋斤＝断 → 無断
④ 土＋立＋日＋儿＝境 → 境界
⑤ ム＋月＋ヒ＋心＝態 → 態度
⑥ 䒑＋屮＋辶＝逆 → 逆風
⑦ 丷＋キ＋刂＝判 → 判決
⑧ 厂＋土＝圧 → 血圧

光村5年②

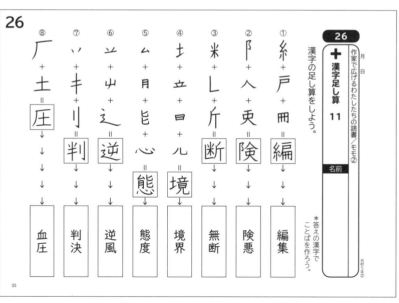

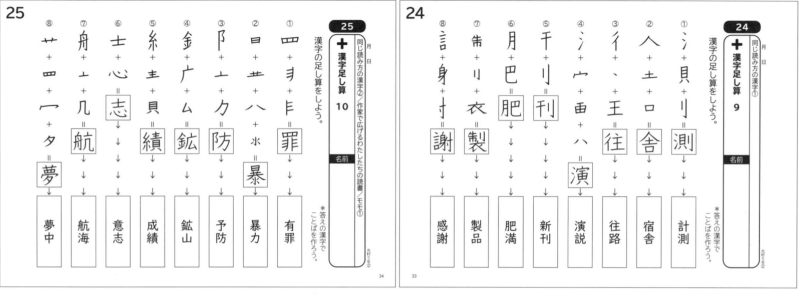

27

27 月 日

かんがえるのって おもしろい／銀色の裏地／図書館を使いこなそう①

足りないのはどこ（形をよく見て）1

名前

光村5年③

足りないところを見つけて、正しく書こう。

① 画《が》像《ぞう》 → 画像

② 経《けい》路《ろ》 → 経路

③ 情《じょう》熱《ねつ》 → 情熱

④ 印《いん》象《しょう》 → 印象

⑤ 絶《ぜつ》望《ぼう》 → 絶望

⑥ 厚《あつ》紙《がみ》 → 厚紙

⑦ 賞《しょう》状《じょう》 → 賞状

⑧ 喜《よろこ》ぶ → 喜ぶ

⑨ 分《ぶん》解《かい》 → 分解

⑩ 容《よう》量《りょう》 → 容量

⑪ 技《ぎ》術《じゅつ》 → 技術

⑫ 適《てき》当《とう》 → 適当

28

28 月 日

図書館を使いこなそう②／漢字の成り立ち①

足りないのはどこ（形をよく見て）2

名前

光村5年③

足りないところを見つけて、正しく書こう。

① 許《きょ》可《か》 → 許可

② 複《ふく》数《すう》 → 複数

③ 構《こう》成《せい》 → 構成

④ 夜《よ》桜《ざくら》 → 夜桜

⑤ 銅《どう》像《ぞう》 → 銅像

⑥ 破《は》産《さん》 → 破産

⑦ 修《しゅう》復《ふく》 → 修復

⑧ 近《きん》眼《がん》 → 近眼

⑨ 停《てい》電《でん》 → 停電

⑩ 祖《そ》先《せん》 → 祖先

⑪ 準《じゅん》備《び》 → 準備

⑫ 貿《ぼう》易《えき》 → 貿易

29

29 月 日

漢字の成り立ち②～原いんと結果①

足りないのはどこ（形をよく見て）3

名前

光村5年③

足りないところを見つけて、正しく書こう。

① 実《じっ》際《さい》 → 実際

② 潔《けっ》白《ぱく》 → 潔白

③ 体《たい》質《しつ》 → 体質

④ 報《ほう》告《こく》 → 報告

⑤ 金《きん》属《ぞく》 → 金属

⑥ 確《かく》実《じつ》 → 確実

⑦ 意《い》識《しき》 → 意識

⑧ 要《よう》因《いん》 → 要因

⑨ 改《かい》造《ぞう》 → 改造

⑩ 似《に》顔《がお》絵《え》 → 似顔絵

⑪ 限《げん》界《かい》 → 限界

⑫ 留《る》守《す》 → 留守

30

30 月 日

見立てる～原因と結果②／敬語／日じょうを十七音で／古典の世界（一）

足りないのはどこ（形をよく見て）4

名前

光村5年③

足りないところを見つけて、正しく書こう。

① 現《げん》金《きん》 → 現金

② 接《せつ》続《ぞく》 → 接続

③ 応《おう》用《よう》 → 応用

④ 勢《せい》力《りょく》 → 勢力

⑤ 運《うん》河《が》 → 運河

⑥ 歴《れき》史《し》 → 歴史

⑦ 幹《かん》部《ぶ》 → 幹部

⑧ 招《しょう》待《たい》 → 招待

⑨ 文《もん》句《く》 → 文句

⑩ 常《じょう》温《おん》 → 常温

⑪ 順《じゅん》序《じょ》 → 順序

⑫ 武《ぶ》士《し》 → 武士

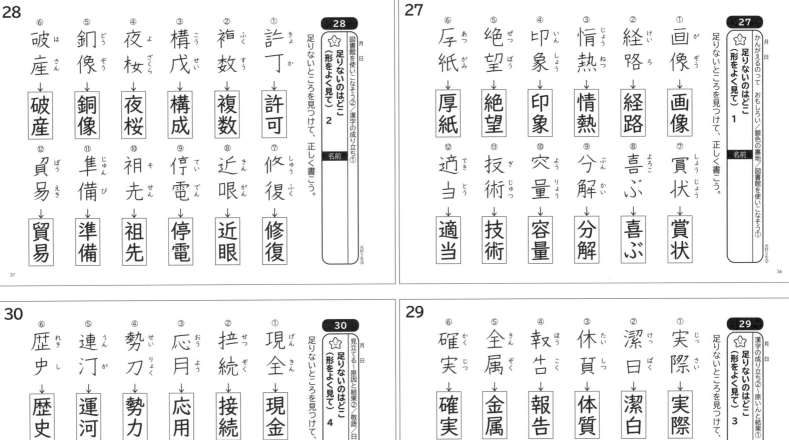

31

31 目的に応じて引用するとき〜同じ読み方の漢字①

月　日

足りないのはどこ（形をよく見て）5

名前

足りないところを見つけて、正しく書こう。

① 資《し》料《りょう》 → 資料

② 調《ちょう》査《さ》 → 調査

③ 習《しゅう》性《せい》 → 習性

④ 非《ひ》公《こう》式《しき》 → 非公式

⑤ 総《そう》合《ごう》 → 総合

⑥ 計《けい》測《そく》 → 計測

⑦ 宿《しゅく》舎《しゃ》 → 宿舎

⑧ 往《おう》路《ろ》 → 往路

⑨ 演《えん》説《ぜつ》 → 演説

⑩ 新《しん》刊《かん》 → 新刊

⑪ 肥《ひ》満《まん》 → 肥満

⑫ 製《せい》品《ひん》 → 製品

光村5年③

40

32

32 同じ読み方の漢字②

月　日

足りないのはどこ（形をよく見て）6

名前

足りないところを見つけて、正しく書こう。

① 感《かん》謝《しゃ》 → 感謝

② 有《ゆう》罪《ざい》 → 有罪

③ 暴《ぼう》力《りょく》 → 暴力

④ 予《よ》防《ぼう》 → 予防

⑤ 鉱《こう》山《ざん》 → 鉱山

⑥ 成《せい》績《せき》 → 成績

⑦ 意《い》志《し》 → 意志

⑧ 航《こう》海《かい》 → 航海

光村5年③

41

33

33 作家で広げるわたしたちの読書／モモ

月　日

足りないのはどこ（形をよく見て）7

名前

足りないところを見つけて、正しく書こう。

① 夢《む》中《ちゅう》 → 夢中

② 編《へん》集《しゅう》 → 編集

③ 険《けん》悪《あく》 → 険悪

④ 無《む》断《だん》 → 無断

⑤ 境《きょう》界《かい》 → 境界

⑥ 態《たい》度《ど》 → 態度

⑦ 逆《ぎゃく》風《ふう》 → 逆風

⑧ 判《はん》決《けつ》 → 判決

⑨ 血《けつ》圧《あつ》 → 血圧

光村5年③

42

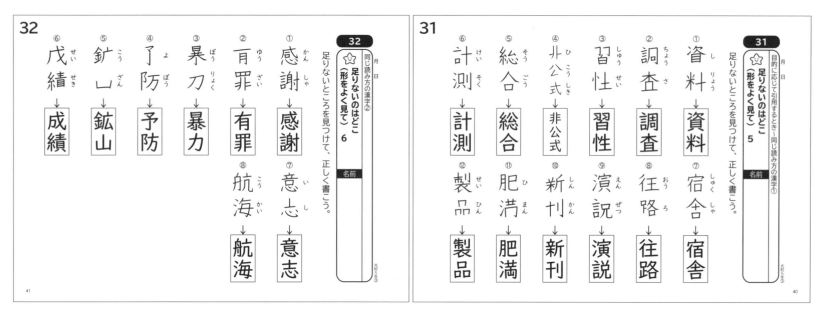

34

34 漢字を入れよう 1

かんがえるのって おもしろい／銀色の裏地①

月　日　名前

文を読んで、ぴったりの漢字を入れよう。

①その動物は、想**像**した以上に大きかった。

②いろいろなことを**経**験すると、勉強になる。

③にこにこと、明るい表**情**をする。

④動物園で、大きな耳のアフリカ**象**を見た。

⑤そんなことをするのは、**絶**対にいやだ。

⑥二百ページもある、ぶ**厚**い本を読む。

⑦感想文コンクールで入**賞**する。

⑧コンクールで一位になり、しょう**状**をもらう。

ヒント　経　情　厚　状　像　象　賞　絶

光村5年㊤

43

35

35 漢字を入れよう 2

銀色の裏地②／図書館を使いこなそう①

月　日　名前

文を読んで、ぴったりの漢字を入れよう。

①プレゼントをもらって、大**喜**びする。

②時計を分**解**したが、組み立てられない。

③四角い**容**器に、おべんとうをつめる。

④町の球**技**大会に、出場しました。

⑤大きなけがだったので、病院で手**術**をした。

⑥秋は、運動やスポーツに**適**した季節だ。

⑦何回もあやまって、**許**してもらう。

⑧そんなことは、絶対に不**可**のうだ。

ヒント　許　解　技　可　適　術　容　喜

光村5年㊤

44

36

36 漢字を入れよう 3

図書館を使いこなそう②／漢字の成り立ち①

月　日　名前

文を読んで、ぴったりの漢字を入れよう。

①一人だけでなく、**複**数の人の意見を聞く。

②バッターボックスで、バットを**構**える。

③春、入学式には**桜**の花がさいていた。

④おしくも三位で、**銅**メダルをもらった。

⑤約束を**破**って、友達の信用を失う。

⑥こわれた自転車を、自分で**修**理する。

⑦今日習った勉強を、家で**復**習する。

⑧目が赤かったので、**眼**科に行った。

ヒント　銅　復　複　修　眼　桜　構　破

光村5年㊤

45

37

37 漢字を入れよう 4

漢字の成り立ち②

月　日　名前

文を読んで、ぴったりの漢字を入れよう。

①バス**停**で、二列にならんで待つ。

②七十才の**祖**母は、いたって元気だ。

③大会の**準**決勝に勝ち、決勝に進む。

④台風に**備**えて、きちんと戸じまりをする。

⑤日本は、世界の国々と**貿**易をしている。

⑥今日のテストは、いつもより**易**しかった。

⑦アメリカの友人に、国**際**電話をかける。

⑧料理をする前に、手を清**潔**にする。

ヒント　備　祖　潔　準　停　貿　易　際

光村5年㊤

46

38

38 漢字を入れよう 5

きいて、きいて、きいてみよう／見立てる〜原いんと結果①

月　日　名前

光村5年⑥

文を読んで、ぴったりの漢字を入れよう。

① 分からないことを、先生に質問する。
② 調べた結果をまとめて報告する。
③ にわとりの鳴き声が、朝を告げる。
④ これは、とてもかたい金属でできている。
⑤ まちがいないか、もう一度確かめましょう。
⑥ 人は、本から知識をえることができる。
⑦ 失敗した原因を、はっきりさせる。
⑧ この寺は、日本一古い木造の建物です。

ヒント　属　告　造　確　因　識　質　報

39

39 漢字を入れよう 6

見立てる〜原因と結果②／敬語①

月　日　名前

光村5年⑥

文を読んで、ぴったりの漢字を入れよう。

① ぼくと兄は、顔がよく似ている。
② この食品の賞味期限は、今日までです。
③ 路線バスの停留所で、バスを待つ。
④ 知らない人が、いきなり目の前に現れた。
⑤ その試合は、一点差の接戦で負けた。
⑥ 必要に応じて、写真や図を見せましょう。
⑦ 広場に、大勢の人が集まっている。
⑧ 七夕の夜、美しい銀河が見えた。

ヒント　似　応　留　接　勢　河　現　限

40

40 漢字を入れよう 7

敬語②／日じょうを十七音で

月　日　名前

光村5年⑥

文を読んで、ぴったりの漢字を入れよう。

① 兄は、世界の歴史を勉強している。
② ぼくは、日本のれき史にきょうみがある。
③ 東海道新幹線に乗って、東京に行く。
④ たん生日に、友達を家に招待する。
⑤ 知らない語句の意味を、調べましょう。
⑥ 今日は、平常通りの時間わりです。
⑦ 低学年から、順序よくならんでください。

ヒント　幹　序　史　歴　句　招　常

41

41 漢字を入れよう 8

古典の世界（一）〜みんなが使いやすいデザイン

月　日　名前

光村5年⑥

文を読んで、ぴったりの漢字を入れよう。

① 戦国時代の武しの、伝記を読む。
② すもうの力士が、土ひょうに上がる。
③ 研究に必要な、資料を集める。
④ 健康についての、アンケート調査を行う。
⑤ この薬は、水にとけやすい性質がある。
⑥ 火事のときは、非常口からにげましょう。
⑦ 日本の総理大臣が、アメリカに行く。

ヒント　資　性　査　非　士　総　武

42

42
月 日
同じ読み方の漢字①
漢字を入れよう 9
名前
光村5年④

文を読んで、ぴったりの漢字を入れよう。

① 兄の望遠鏡で、天体観**測**をする。
② 学校の校**舎**が古くなったので、建てかえた。
③ 自転車で、家と公園を**往**復した。
④ 今日、ダンスの公**演**が行われる。
⑤ 新聞の朝**刊**の配達の音で、目が覚めた。
⑥ 大きく成長するように、畑に**肥**料をやる。
⑦ 父が、特**製**のハンバーグを作ってくれた。
⑧ 助けてくれた人に、感**謝**の気持ちを伝える。

ヒント 舎 測 演 往 謝 肥 刊 製

51

43

43
月 日
同じ読み方の漢字②／作家で広げるわたしたちの読書／モモ①
漢字を入れよう 10
名前
光村5年④

文を読んで、ぴったりの漢字を入れよう。

① けいむ所で、これまでおかした**罪**をつぐなう。
② 大きな音におどろいて、馬が**暴**れた。
③ マスクで、インフルエンザの流行を**防**ぐ。
④ ここには昔、炭**鉱**があって石炭をほっていた。
⑤ 勉強したおかげで、算数の成**績**が上がった。
⑥ 最後まで、自分の意**志**をつらぬく。
⑦ 太平洋を、大きな客船で**航**海する。
⑧ ねている間に、とてもこわい**夢**を見た。

ヒント 航 鉱 暴 志 罪 夢 績 防

52

44

44
月 日
作家で広げるわたしたちの読書／モモ②
漢字を入れよう 11
名前
光村5年④

文を読んで、ぴったりの漢字を入れよう。

① 姉が、毛糸でマフラーを**編**んでいる。
② ちょう上を目指して、**険**しい山道を登る。
③ やるかやらないかを、自分で決**断**する。
④ 戦争が起こり、国**境**をこえてひなんする。
⑤ 父親に、反こう的な**態**度をとる。
⑥ 最終回に、ホームランで**逆**転する。
⑦ ボクシングの試合で、**判**定勝ちする。
⑧ 深海では、水**圧**がとても高い。

ヒント 逆 境 断 編 態 圧 判 険

53

2学期の答え 45～48

45

45 どちらを選びますか／新聞を読もう

月　日

かくれたパーツをさがせ 16

名前

光村5年①

かくれたパーツをさがして、完成させよう。

① 得《トク》　けん玉《だま》が得意《とくい》だ。

② 比《くら》(べる)　大小《だいしょう》を比《くら》べる。

③ 政《セイ》　政治《せいじ》は大切《たいせつ》です。

④ 興《キョウ》　興味《きょうみ》深《ぶか》い話《はなし》。

⑤ 示《しめ》(す)　表《ひょう》で示《しめ》す。

46

46 文章に説得力をもたせるには／たずねびと①

月　日

かくれたパーツをさがせ 17

名前

光村5年①

かくれたパーツをさがして、完成させよう。

① 張《チョウ》　意見《いけん》を主張《しゅちょう》する。

② 個《コ》　個人的《こじんてき》な関係《かんけい》。

③ 支《ささ》(える)　両手《りょうて》で支《ささ》える。

④ 迷《まよ》(う)　道《みち》に迷《まよ》う。

⑤ 在《ザイ》　実在《じつざい》する人物《じんぶつ》。

⑥ 独《ドク》　首位《しゅい》を独走《どくそう》する。

47

47 たずねびと②

月　日

かくれたパーツをさがせ 18

名前

光村5年①

かくれたパーツをさがして、完成させよう。

① 弁《ベン》　お弁当《べんとう》を食《た》べる。

② 検《ケン》　機械《きかい》の点検《てんけん》。

③ 提《テイ》　宿題《しゅくだい》を提出《ていしゅつ》する。

④ 寄《よ》(る)　問題《もんだい》を持《も》ち寄《よ》る。

⑤ 余《あま》(る)　百人《ひゃくにん》余《あま》りの人《ひと》。

⑥ 仏《ほとけ》　仏様《ほとけさま》の顔《かお》。

48

48 方言と共通語／よりよい学校生活のために①

月　日

かくれたパーツをさがせ 19

名前

光村5年①

かくれたパーツをさがして、完成させよう。

① 貸《か》(す)　弟《おとうと》に服《ふく》を貸《か》す。

② 効《コウ》　効果的《こうかてき》な方法《ほうほう》。

③ 条《ジョウ》　外国《がいこく》との条約《じょうやく》。

④ 件《ケン》　事件《じけん》を調《しら》べる。

⑤ 保《たも》(つ)　温度《おんど》を保《たも》つ。

⑥ 評《ヒョウ》　大好評《だいこうひょう》の本《ほん》。

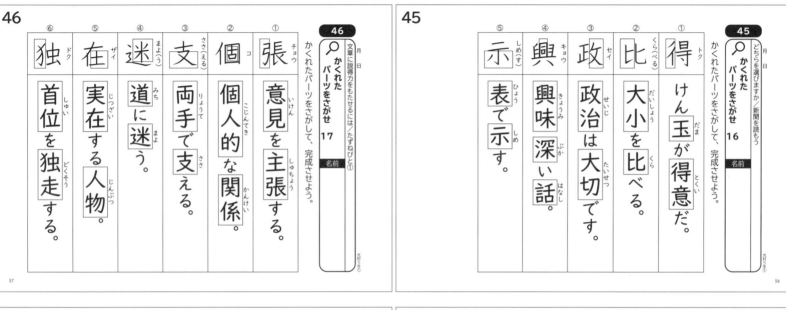

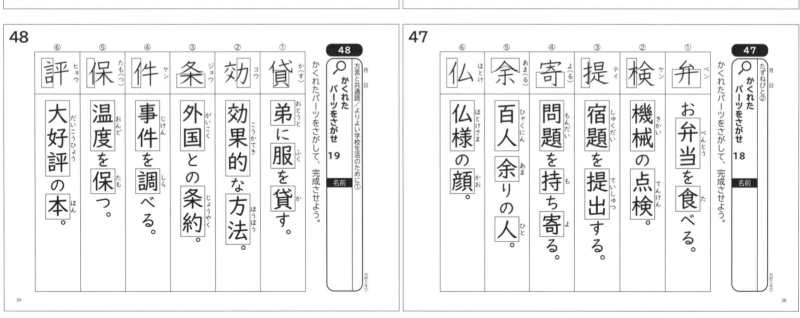

49

49 よりよい学校生活のために②／浦島太郎／和語・漢語・外来語①

月　日

かくれたパーツをさがせ 20

名前

かくれたパーツをさがして、完成させよう。

① 価《カ》　定価《ていか》より安《やす》い。

② 賛《サン》　賛成《さんせい》理由《りゆう》を言《い》う。

③ 妻《つま》　妻《つま》の大切《たいせつ》なもの。

④ 混《ま》(ぜる)　色水《いろみず》を混《ま》ぜる。

⑤ 雑《ザツ》　庭《にわ》の雑草《ざっそう》を取《と》る。

⑥ 略《リャク》　説明《せつめい》を省略《しょうりゃく》する。

光村5年①

50

50 和語・漢語・外来語②／固有種が教えてくれること／自然環境を…①

月　日

かくれたパーツをさがせ 21

名前

かくれたパーツをさがして、完成させよう。

① 採《サイ》　こん虫《ちゅう》採集《さいしゅう》

② 禁《キン》　立《た》ち入《い》り禁止《きんし》。

③ 能《ノウ》　音楽《おんがく》の才能《さいのう》。

④ 過《す》(ごす)　家《いえ》で過《す》ごす人《ひと》。

⑤ 程《テイ》　程度《ていど》を調《しら》べる。

⑥ 豊《ホウ》　米《こめ》が豊作《ほうさく》だ。

光村5年①

51

51 固有種が教えてくれること／自然環境を守るために②

月　日

かくれたパーツをさがせ 22

名前

かくれたパーツをさがして、完成させよう。

① 布《フ》　茶色《ちゃいろ》の毛布《もうふ》。

② 減《へ》(る)　体重《たいじゅう》が減《へ》る。

③ 護《ゴ》　養護《ようご》の先生《せんせい》。

④ 再《サイ》　再放送《さいほうそう》を見《み》る。

⑤ 増《ふ》(える)　草花《くさばな》が増《ふ》える。

⑥ 証《ショウ》　無実《むじつ》を証明《しょうめい》する。

光村5年①

52

52 固有種が教えてくれること／自然環境を守るために③

月　日

かくれたパーツをさがせ 23

名前

かくれたパーツをさがして、完成させよう。

① 責《せ》(める)　失敗《しっぱい》を責《せ》める。

② 任《ニン》　代表《だいひょう》に任命《にんめい》する。

③ 統《トウ》　伝統《でんとう》工業《こうぎょう》を学《まな》ぶ。

④ 酸《サン》　酸味《さんみ》が強《つよ》い。

⑤ 素《ソ》　素材《そざい》を選《えら》ぶ。

⑥ 設《セツ》　建物《たてもの》を設計《せっけい》する。

光村5年①

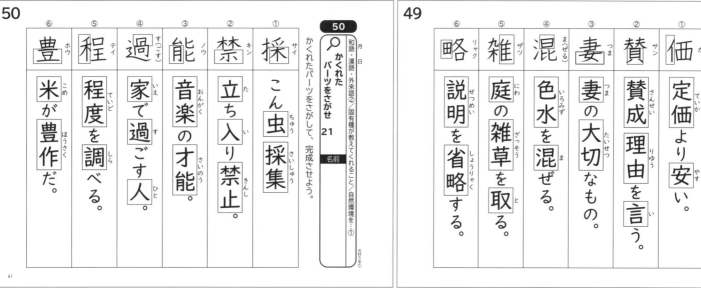

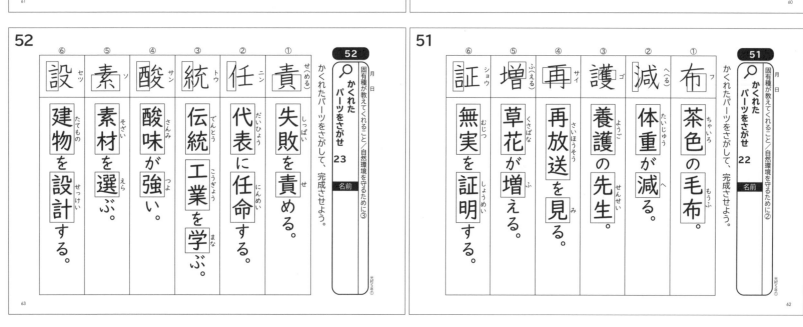

53

53 カンジー博士の暗号解読①
月 日
かくれたパーツをさがせ 24
名前

かくれたパーツをさがして、完成させよう。

① 授《ジュ》 授業《じゅぎょう》が始《はじ》まる。
② 紀《キ》 二十一世紀《せいき》
③ 財《ザイ》 大切《たいせつ》な財産《ざいさん》。
④ 脈《ミャク》 脈《みゃく》はくが速《はや》い。
⑤ 織《シキ》 組織《そしき》の一員《いちいん》。

光村5年①

54

54 カンジー博士の暗号解読②
月 日
かくれたパーツをさがせ 25
名前

かくれたパーツをさがして、完成させよう。

① 築《チク》 学校《がっこう》を建築《けんちく》する。
② 旧《キュウ》 旧式《きゅうしき》の自動車《じどうしゃ》。
③ 規《キ》 三角《さんかく》定規《じょうぎ》
④ 則《ソク》 反則《はんそく》負《ま》け。
⑤ 貯《チョ》 お年玉《としだま》を貯金《ちょきん》。

光村5年①

55

55 カンジー博士の暗号解読③
月 日
かくれたパーツをさがせ 26
名前

かくれたパーツをさがして、完成させよう。

① 型《かた》 血液型《けつえきがた》
② 液《エキ》 血液《けつえき》を調《しら》べる。
③ 基《キ》 基本《きほん》を学《まな》ぶ。
④ 額《ガク》 半額《はんがく》の大安売《おおやすう》り。
⑤ 故《コ》 自動車《じどうしゃ》の事故《じこ》。

光村5年①

56

56 やなせたかし―アンパンマンの勇気①
月 日
かくれたパーツをさがせ 27
名前

かくれたパーツをさがして、完成させよう。

① 婦《フ》 婦人服《ふじんふく》売《う》り場《ば》
② 救《キュウ》 救急車《きゅうきゅうしゃ》で運《はこ》ぶ。
③ 格《カク》 試験《しけん》に合格《ごうかく》する。
④ 職《ショク》 焼《や》き物《もの》の職人《しょくにん》。
⑤ 移《イ》 本箱《ほんばこ》を移動《いどう》する。
⑥ 墓《はか》 お墓参《はかまい》りに行《い》く。

光村5年①

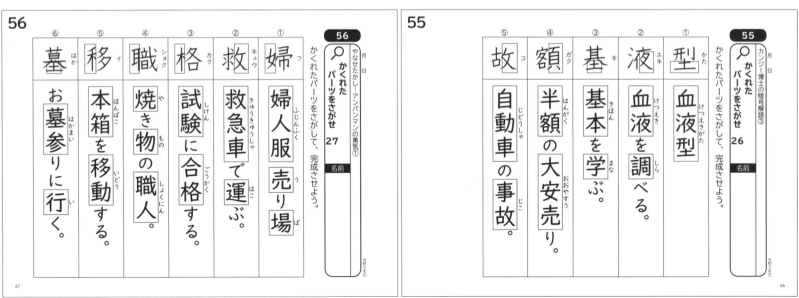

2学期の答え 57～60

57

57 月 日 やなせたかし―アンパンマンの勇気②／あなたは、どう考える

かくれたパーツをさがせ 28

名前

光村5年①

かくれたパーツをさがして、完成させよう。

①	②	③	④	⑤	⑥
義《ギ》	殺《ころ(す)》	貧《まず(しい)》	版《ハン》	述《の(べる)》	仮《カ》
正義《せいぎ》の味方《みかた》。	薬《くすり》で虫《むし》を殺《ころ》す。	貧《まず》しい食事《しょくじ》。	版画《はんが》の作品《さくひん》。	意見《いけん》を述《の》べる。	仮面《かめん》の内側《うちがわ》。

68

58

58 月 日 どちらを選びますか／新聞を読もう／文章に説く力をもたせるには

漢字足し算 12

名前

光村5年②

漢字の足し算をしよう。

＊答えの漢字でことばを作ろう。

① 彳＋日＋一＋寸＝得 → 得点
② ヒ＋匕＝比 → 比例
③ 正＋攵＝政 → 政府
④ 𠂤＋同＋ヨ＋六＝興 → 興味
⑤ 二＋小＝示 → 指示
⑥ 弓＋镸＋レ＝張 → 主張
⑦ 亻＋冂＋古＋一＝個 → 個数
⑧ 十＋又＝支 → 支店

69

59

59 月 日 たずねびと①

漢字足し算 13

名前

光村5年②

漢字の足し算をしよう。

＊答えの漢字でことばを作ろう。

① 米＋辶＝迷 → 迷い犬
② ナ＋丨＋土＝在 → 不在
③ 犭＋中＋ヘ＝独 → 独自
④ ム＋廾＝弁 → 駅弁
⑤ 木＋人＋臾＝検 → 検定
⑥ 扌＋日＋疋＝提 → 提案
⑦ 宀＋大＋可＝寄 → 寄付
⑧ 人＋二＋小＝余 → 余分

70

60

60 月 日 たずねびと②／方言と共通語／よりよい学校生活のために①

漢字足し算 14

名前

光村5年②

漢字の足し算をしよう。

＊答えの漢字でことばを作ろう。

① 亻＋ム＝仏 → 大仏
② 亻＋弋＋貝＝貸 → 貸す
③ 亠＋父＋力＝効 → 効果
④ 夂＋木＝条 → 条件
⑤ 亻＋牛＝件 → 用件
⑥ 亻＋口＋木＝保 → 保健
⑦ 言＋平＝評 → 評価
⑧ 亻＋西＝価 → 定価

71

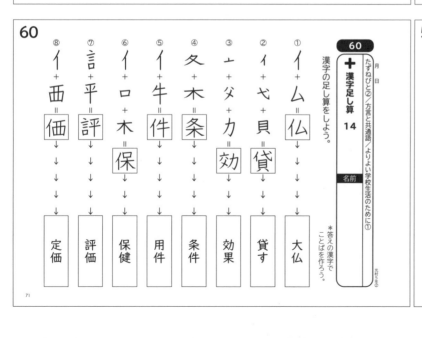

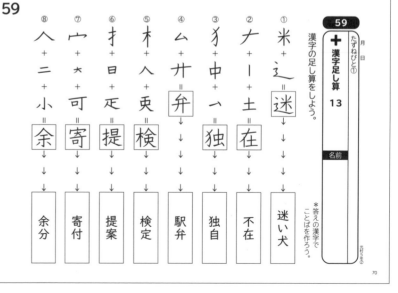

61

61 漢字足し算 15

よりよい学校生活のために②〜和語・漢語・外来語

月　日

名前

漢字の足し算をしよう。

＊答えの漢字でことばを作ろう。

① 夫＋夫＋貝＝賛 → 賛成
② 一＋ヨ＋女＝妻 → 夫妻
③ 氵＋日＋比＝混 → 混同
④ 九＋木＋隹＝雑 → 雑木林
⑤ 田＋夂＋口＝略 → 略図
⑥ 扌＋爫＋木＝採 → 採決
⑦ 木＋木＋示＝禁 → 禁止
⑧ ム＋月＋ヒ＋ヒ＝能 → 能力

光村5年②

62

62 漢字足し算 16

固有種が教えてくれること／自然環境を守るために①

月　日

名前

漢字の足し算をしよう。

＊答えの漢字でことばを作ろう。

① 冎＋冋＋辶＝過 → 過去
② 禾＋口＋王＝程 → 日程
③ 曲＋一＋口＋䒑＝豊 → 豊富
④ 𠂇＋巾＝布 → 分布
⑤ 氵＋厂＋口＋戈＝減 → 減点
⑥ 言＋艹＋隹＋又＝護 → 弁護
⑦ 一＋冂＋土＝再 → 再会
⑧ 土＋丷＋田＋日＝増 → 増加

光村5年②

63

63 漢字足し算 17

固有種が教えてくれること／自然環境を守るために②

月　日

名前

漢字の足し算をしよう。

＊答えの漢字でことばを作ろう。

① 言＋正＝証 → 証人
② 龶＋貝＝責 → 責任
③ 亻＋丿＋士＝任 → 任命
④ 糸＋𠫓＋儿＝統 → 統計
⑤ 酉＋厶＋儿＋夂＝酸 → 炭酸
⑥ 龶＋幺＋小＝素 → 素材
⑦ 言＋几＋又＝設 → 建設

光村5年②

64

64 漢字足し算 18

カンジー博士の暗号解読①

月　日

名前

漢字の足し算をしよう。

＊答えの漢字でことばを作ろう。

① 扌＋爫＋冖＋又＝授 → 教授
② 糸＋己＝紀 → 紀行文
③ 目＋八＋才＝財 → 文化財
④ 月＋𠂆＋𠂢＝脈 → 動脈
⑤ 糸＋音＋戈＝織 → 織物
⑥ ⺮＋工＋凡＋木＝築 → 新築
⑦ 丨＋日＝旧 → 旧式

光村5年②

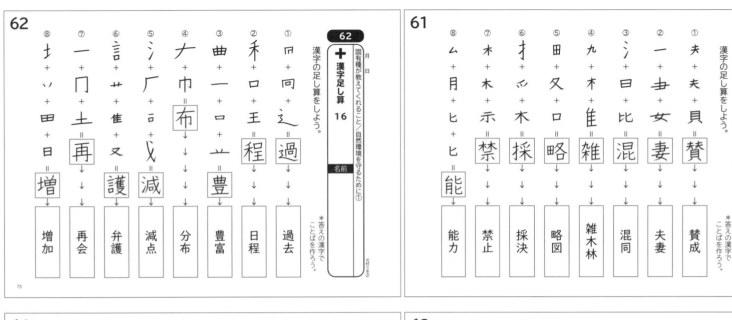

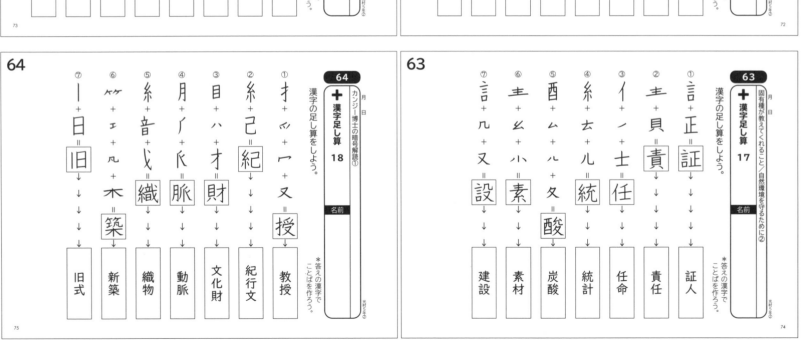

2学期の答え 65～68

65

65 月 日

カンジー博士の暗号解読②

漢字足し算 19

名前

漢字の足し算をしよう。

*答えの漢字でことばを作ろう。

① 夫＋目＋儿＝規 → 規定
② 目＋八＋刂＝則 → 原則
③ 貝＋宀＋丁＝貯 → 貯水池
④ 开＋刂＋土＝型 → 原型
⑤ 氵＋亠＋亻＋夂＝液 → 液体
⑥ 甘＋八＋土＝基 → 基地
⑦ 宀＋各＋丆＋貝＝額 → 半額
⑧ 古＋攵＝故 → 事故

光村5年②

66

66 月 日

やなせたかし―アンパンマンの勇気①

漢字足し算 20

名前

漢字の足し算をしよう。

*答えの漢字でことばを作ろう。

① 女＋ヨ＋冖＋巾＝婦 → 主婦
② 求＋攵＝救 → 救助
③ 木＋夂＋口＝格 → 体格
④ 耳＋音＋戈＝職 → 職業
⑤ 禾＋夕＋夕＝移 → 移転
⑥ 艹＋日＋六＋土＝墓 → 墓地

光村5年②

67

67 月 日

やなせたかし―アンパンマンの勇気②／あなたは、どう考える

漢字足し算 21

名前

漢字の足し算をしよう。

*答えの漢字でことばを作ろう。

① 𦍌＋手＋戈＝義 → 意義
② 㐅＋木＋殳＝殺 → 殺風景
③ 八＋刀＋貝＝貧 → 貧ぼう
④ 片＋厂＋又＝版 → 出版
⑤ 木＋丶＋辶＝述 → 記述
⑥ 亻＋厂＋又＝仮 → 仮面

光村5年②

68

68 月 日

どちらを選びますか―たずねびと①

足りないのはどこ（形をよく見て） 8

名前

足りないところを見つけて、正しく書こう。

① 得《とく》点《てん》 → 得点
② 比《ひ》例《れい》 → 比例
③ 政《せい》府《ふ》 → 政府
④ 興《きょう》味《み》 → 興味
⑤ 指《し》示《じ》 → 指示
⑥ 主《しゅ》張《ちょう》 → 主張
⑦ 個《こ》数《すう》 → 個数
⑧ 支《し》店《てん》 → 支店
⑨ 迷《まよ》い犬《いぬ》 → 迷い犬
⑩ 不《ふ》在《ざい》 → 不在
⑪ 独《どく》自《じ》 → 独自
⑫ 駅《えき》弁《べん》 → 駅弁

光村5年②

69

月　日

たずねびと②／方言と共通語／よりよい学校生活のために／浦島太郎

足りないのはどこ（形をよく見て）9

名前

足りないところを見つけて、正しく書こう。

① 検定《けんてい》
② 提案《ていあん》
③ 寄付《きふ》
④ 余分《よぶん》
⑤ 大仏《だいぶつ》
⑥ 貸《か》す
⑦ 効果《こうか》
⑧ 条件《じょうけん》
⑨ 保健《ほけん》
⑩ 評価《ひょうか》
⑪ 賛成《さんせい》
⑫ 夫妻《ふさい》

光村5年③

70

月　日

和語・漢語・外来語／固有種が教えてくれること／自然環境を…①

足りないのはどこ（形をよく見て）10

名前

足りないところを見つけて、正しく書こう。

① 混同《こんどう》
② 雑木林《ぞうきばやし》
③ 略図《りゃくず》
④ 採決《さいけつ》
⑤ 禁止《きんし》
⑥ 能力《のうりょく》
⑦ 過去《かこ》
⑧ 日程《にってい》
⑨ 豊富《ほうふ》
⑩ 分布《ぶんぷ》
⑪ 減点《げんてん》
⑫ 弁護《べんご》

光村5年③

71

月　日

固有種がおしえてくれること／自然環境を…②／カンジー博士の暗号解読①

足りないのはどこ（形をよく見て）11

名前

足りないところを見つけて、正しく書こう。

① 再会《さいかい》
② 増加《ぞうか》
③ 証人《しょうにん》
④ 責任《せきにん》
⑤ 任命《にんめい》
⑥ 統計《とうけい》
⑦ 炭酸《たんさん》
⑧ 素材《そざい》
⑨ 建設《けんせつ》
⑩ 教授《きょうじゅ》
⑪ 紀行文《きこうぶん》
⑫ 文化財《ぶんかざい》

光村5年③

72

月　日

カンジー博士の暗号解読②

足りないのはどこ（形をよく見て）12

名前

足りないところを見つけて、正しく書こう。

① 動脈《どうみゃく》
② 織物《おりもの》
③ 新築《しんちく》
④ 旧式《きゅうしき》
⑤ 規定《きてい》
⑥ 原則《げんそく》
⑦ 貯水池《ちょすいち》
⑧ 原型《げんけい》
⑨ 液体《えきたい》
⑩ 基地《きち》
⑪ 半額《はんがく》
⑫ 事故《じこ》

光村5年③

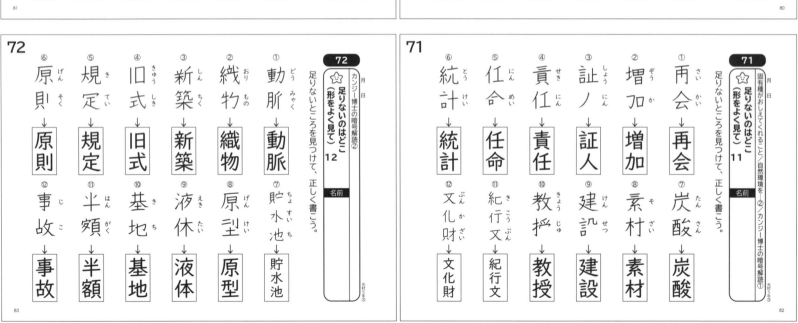

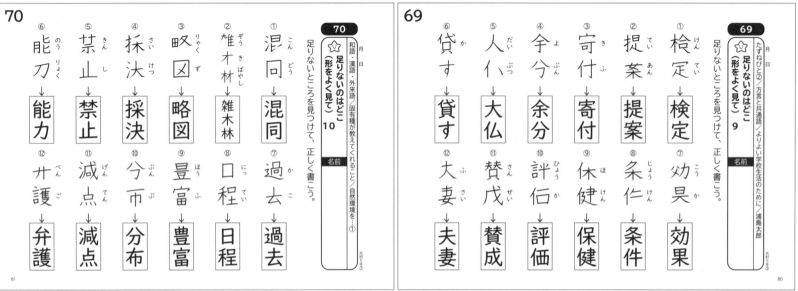

73

73 月　日

やなせたかし—アンパンマンの勇気／あなたは、どう考える

足りないのはどこ（形をよく見て）13

名前

光村5年③

足りないところを見つけて、正しく書こう。

① 主《しゅ》婦《ふ》→ 主婦
② 救《きゅう》助《じょ》→ 救助
③ 体《たい》格《かく》→ 体格
④ 職《しょく》業《ぎょう》→ 職業
⑤ 移《い》転《てん》→ 移転
⑥ 墓《ぼ》地《ち》→ 墓地
⑦ 意《い》義《ぎ》→ 意義
⑧ 殺《さっ》風《ぷう》景《けい》→ 殺風景
⑨ 貧《びん》ぼう → 貧ぼう
⑩ 出《しゅっ》版《ぱん》→ 出版
⑪ 記《き》述《じゅつ》→ 記述
⑫ 仮《か》面《めん》→ 仮面

74

74 月　日

どちらを選びますか／新聞を読もう／文章に説とく力をもたせるには

漢字を入れよう 12

名前

光村5年③

文を読んで、ぴったりの漢字を入れよう。

① シュートを決めて、**得**意気な顔をする。
② 父と、手の大きさを**比**べてみました。
③ 国会では、日本の**政**治について話し合われる。
④ いろいろな読み物に、**興**味を持って読む。
⑤ 次の指**示**があるまで、教室で待ちましょう。
⑥ つな引きで、力を合わせてつなを引っ**張**る。
⑦ このリンゴは一**個**、百円で買った。
⑧ 手すりにつかまって、体を**支**える。

ヒント　個　示　支　興　比　得　張　政

75

75 月　日

たずねびと①

漢字を入れよう 13

名前

光村5年④

文を読んで、ぴったりの漢字を入れよう。

① 暗い森の中で、道に**迷**ってしまった。
② その物語は、実**在**した人物を題材にしている。
③ 好きなチームが、首位を**独**走している。
④ 遠足に行って、公園でお**弁**当を食べた。
⑤ 機械がこわれていないか、点**検**をする。
⑥ 算数の宿題を、先生に**提**出する。
⑦ 学校の帰りに、**寄**り道をしてはいけません。
⑧ 会場には、百人**余**りの人が集まった。

ヒント　在　独　余　提　寄　迷　検　弁

76

76 月　日

たずねびと②／方言と共通語／よりよい学校生活のために①

漢字を入れよう 14

名前

光村5年④

文を読んで、ぴったりの漢字を入れよう。

① 奈良の東大寺は、大**仏**が有名です。
② 消しゴムをわすれた人に、**貸**してあげる。
③ 薬を飲んだが、少しも**効**き目がない。
④ 外国と**条**約を結んで、実行する。
⑤ けい察が、事**件**のことを調べている。
⑥ けがをしたので、**保**健室で手当てをする。
⑦ 母の料理はおいしいと、みんなに好**評**だ。
⑧ この服は大特**価**で、千円です。

ヒント　件　効　貸　条　価　評　仏　保

77

77 漢字を入れよう 15

よりよい学校生活のために②〜和語・漢語・外来語

月　日　名前

文を読んで、ぴったりの漢字を入れよう。

① Aの意見には反対だが、Bには賛成だ。
② 父親ががんばって、妻と子どもを守る。
③ 青色と黄色を混ぜると、緑色になる。
④ 庭に生えた雑草の、草取りをする。
⑤ 細かい所を省略して、大まかに書く。
⑥ 家のうら山で、こん虫採集をした。
⑦ この道路は、自動車は通行禁止です。
⑧ 兄はスポーツの才能があり、何でもできる。

ヒント　禁　妻　能　雑　混　賛　略　採

光村5年④

78

78 漢字を入れよう 16

固有種が教えてくれること／自然環境を守るために①

月　日　名前

文を読んで、ぴったりの漢字を入れよう。

① 特急電車が、小さな駅を通過する。
② レントゲンで、けがの程度を調べてもらう。
③ 天候が良く、今年はお米が大豊作です。
④ 寒いので、毛布にくるまって温まる。
⑤ 病気をしたので、体重が減ってしまった。
⑥ 保健室には、養護の先生がいてくれる。
⑦ 転校していった友達に、再会する。
⑧ この辺りは、人が増えてにぎやかになった。

ヒント　過　布　豊　再　程　増　減　護

光村5年④

79

79 漢字を入れよう 17

固有種が教えてくれること／自然環境を守るために②

月　日　名前

文を読んで、ぴったりの漢字を入れよう。

① この人の無実は、わたしが証明します。
② 人の失敗を、責めてはいけません。
③ 先生から、係の仕事を任せられた。
④ この町の伝統工業は、和紙作りです。
⑤ このみかんは酸味が強く、とてもすっぱい。
⑥ ダイヤモンドは、炭素からできている。
⑦ エアコンの設定温度を高くする。

ヒント　任　責　統　設　酸　証　素

光村5年④

80

80 漢字を入れよう 18

カンジー博士の暗号解読①

月　日　名前

文を読んで、ぴったりの漢字を入れよう。

① チャイムが鳴って、授業が始まった。
② 二〇〇一年は、二十一世紀の始まりです。
③ お金をかせいで、財産をたくわえる。
④ お医者さんが、手首の脈をはかる。
⑤ 毛糸で手織りのマフラーを作った。
⑥ 駅前で、新しいビルが建築中です。
⑦ 昔からある、細い旧道を歩いた。

ヒント　脈　紀　築　財　旧　織　授

光村5年④

81

月　日

カンジー博士の暗号解読②

漢字を入れよう 19

名前

文を読んで、ぴったりの漢字を入れよう。

① 算数で、三角定**規**を使って線を引く。
② サッカーでは、ボールを手でさわると反**則**だ。
③ もらったお年玉を、全部**貯**金する。
④ あなたの血えき**型**は、何ですか。
⑤ わたしの血**液**がたは、Aがたです。
⑥ 母から、料理の**基**本を教わった。
⑦ 計算機で、合計の金**額**を計算する。
⑧ 信号の前で、自動車の事**故**があった。

ヒント　基　液　貯　額　則　型　規　故

光村5年④

92

82

月　日

やなせたかし—アンパンマンの勇気①

漢字を入れよう 20

名前

文を読んで、ぴったりの漢字を入れよう。

① **婦**人服売り場で、母のスカートを買った。
② けがをした人が、**救**急車で運ばれる。
③ 姉が、高校の入学試験に合**格**した。
④ あの人は、有名な植木**職**人です。
⑤ よく見えないので、前の席に**移**る。
⑥ おひがんに、先祖の**墓**参りをする。

ヒント　格　救　移　職　墓　婦

光村5年④

93

83

月　日

やなせたかし—アンパンマンの勇気②／あなたは、どう考える

漢字を入れよう 21

名前

文を読んで、ぴったりの漢字を入れよう。

① 悪者をやっつける、正**義**の味方が登場する。
② 見つからないように、息を**殺**してかくれる。
③ お金がなく、**貧**しい生活が続く。
④ 図工の時間に、ちょうこく刀で**版**画をほる。
⑤ 文の、主語と**述**語の関係を考える。
⑥ もし**仮**に、水が無くなったらどうしよう。

ヒント　貧　仮　版　義　述　殺

光村5年④

94

3学期の答え 84〜87

84

84 熟語の読み方①
かくれたパーツをさがせ 29
月 日 名前

かくれたパーツをさがして、完成させよう。

①	飼《か(う)》	小鳥《ことり》を飼《か》う。
②	綿《わた》	綿毛《わたげ》が飛《と》ぶ。
③	居《キョ》	京都《きょうと》へ転居《てんきょ》する。
④	永《エイ》	永遠《えいえん》に続《つづ》く話《はなし》。
⑤	久《キュウ》	持久力《じきゅうりょく》の勝負《しょうぶ》。
⑥	毒《ドク》	薬《くすり》で消毒《しょうどく》する。

光村5年①

96

85

85 熟語の読み方②
かくれたパーツをさがせ 30
月 日 名前

かくれたパーツをさがして、完成させよう。

①	営《エイ》	本日《ほんじつ》営業中《えいぎょうちゅう》。
②	犯《ハン》	本当《ほんとう》の犯人《はんにん》。
③	講《コウ》	講習《こうしゅう》を受《う》ける。
④	師《シ》	小学校《しょうがっこう》の教師《きょうし》。
⑤	精《セイ》	精神《せいしん》を集中《しゅうちゅう》する。

光村5年①

97

86

86 想像力のスイッチを入れよう／複合語①
かくれたパーツをさがせ 31
月 日 名前

かくれたパーツをさがして、完成させよう。

①	慣《な(れる)》	慣《な》れた手《て》つき。
②	囲《かこ(む)》	家《いえ》を取《と》り囲《かこ》む。
③	益《エキ》	利益《りえき》をあげる。
④	災《サイ》	火災《かさい》が発生《はっせい》する。
⑤	枝《えだ》	木《き》の枝《えだ》を切《き》る。
⑥	費《ヒ》	消費者《しょうひしゃ》が買《か》う。

光村5年①

98

87

87 複合語②
かくれたパーツをさがせ 32
月 日 名前

かくれたパーツをさがして、完成させよう。

①	税《ゼイ》	代金《だいきん》の消費税《しょうひぜい》。
②	制《セイ》	制服《せいふく》を着《き》る。
③	衛《エイ》	人工《じんこう》衛星《えいせい》
④	耕《たがや(す)》	畑《はたけ》を耕《たがや》す。
⑤	損《ソン》	大損害《だいそんがい》を受《う》ける。

光村5年①

99

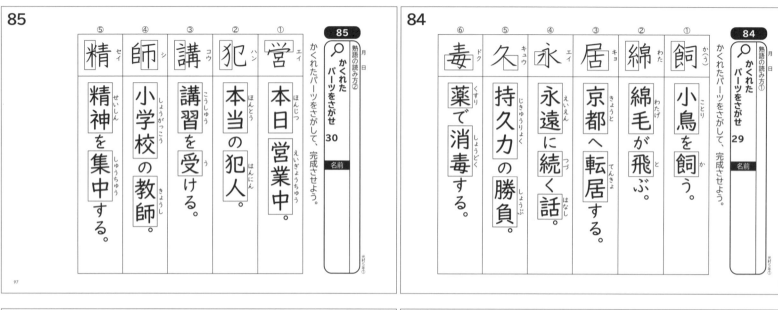

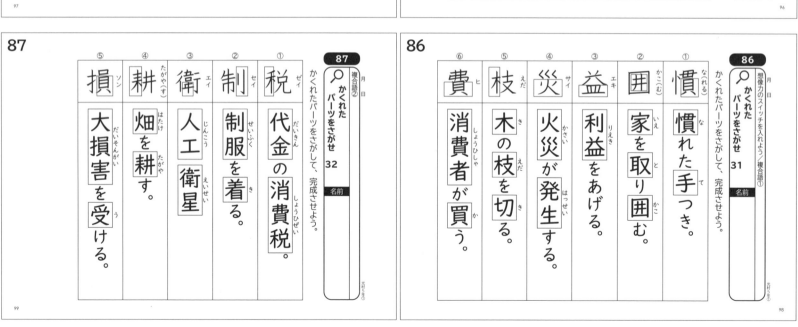

88

88 複合語③ 月 日

かくれたパーツをさがせ 33

名前

かくれたパーツをさがして、完成させよう。

① 粉《こ》　小麦粉《こむぎこ》で作《つく》る。

② 均《キン》　平均《へいきん》気温の記録《きろく》。

③ 輸《ユ》　機械《きかい》を輸出《ゆしゅつ》する。

④ 団《ダン》　集団《しゅうだん》で下校《げこう》する。

⑤ 務《ム》　管理《かんり》事務所《じむしょ》

光村5年①

89

89 大造じいさんとガン 月 日

かくれたパーツをさがせ 34

名前

かくれたパーツをさがして、完成させよう。

① 快《カイ》　雲《くも》一つない快晴《かいせい》。

② 燃《ネン》　漁船《ぎょせん》の燃料《ねんりょう》。

③ 率《ひき(いる)》　学生《がくせい》を率《ひき》いる。

④ 領《リョウ》　一族《いちぞく》の頭領《とうりょう》。

⑤ 導《ドウ》　学生《がくせい》を指導《しどう》する。

⑥ 堂《ドウ》　食堂《しょくどう》に集《あつ》まる。

光村5年①

90

90 熟語の読み方① 月 日

漢字足し算 22

名前

漢字の足し算をしよう。

① 食＋亅＋一＋口＝飼 → 飼育

② 糸＋白＋巾＝綿 → 綿花

③ 尸＋十＋口＝居 → 住居

④ 丶＋亅＋八＝永 → 永遠

⑤ ク＋㇏＝久 → 持久走

⑥ 龶＋毋＋一＝毒 → 毒物

⑦ ⺍＋冖＋呂＝営 → 運営

⑧ 犭＋㇇＋乚＝犯 → 防犯

＊答えの漢字でことばを作ろう。

光村5年②

91

91 熟語の読み方②／想像力のスイッチを入れよう 月 日

漢字足し算 23

名前

漢字の足し算をしよう。

① 言＋井＋冉＝講 → 講師

② 白＋一＋巾＝師 → 漁師

③ 米＋龶＋月＝精 → 精神

④ 忄＋毌＋貝＝慣 → 習慣

⑤ 冂＋井＋一＝囲 → 周囲

⑥ ソ＋一＋八＋皿＝益 → 利益

⑦ 巛＋ソ＋人＝災 → 災害

＊答えの漢字でことばを作ろう。

光村5年②

92

92 複合語① 月 日
漢字足し算 24
名前
光村5年②

漢字の足し算をしよう。
＊答えの漢字でことばを作ろう。

① 木＋十＋又＝枝 → 枝道
② 弓＋川＋貝＝費 → 消費
③ 禾＋ソ＋兄＝税 → 税金
④ 𠂉＋巾＋刂＝制 → 体制
⑤ 彳＋吾＋牛＋亍＝衛 → 守衛
⑥ 耒＋井＝耕 → 耕地

104

93

93 複合語② 月 日
漢字足し算 25
名前
光村5年②

漢字の足し算をしよう。
＊答えの漢字でことばを作ろう。

① 扌＋口＋貝＝損 → 損失
② 米＋八＋刀＝粉 → 花粉
③ 土＋勹＋冫＝均 → 均等
④ 車＋𠆢＋一＋刖＝輸 → 輸出
⑤ 冂＋寸＋一＝団 → 団体
⑥ 矛＋攵＋力＝務 → 事務

105

94

94 大造じいさんとガン 月 日
漢字足し算 26
名前
光村5年②

漢字の足し算をしよう。
＊答えの漢字でことばを作ろう。

① 忄＋コ＋人＝快 → 軽快
② 火＋タ＋犬＋灬＝燃 → 燃料
③ 亠＋幺＋冫く＋十＝率 → 勝率
④ 𠆢＋丶＋マ＋頁＝領 → 領土
⑤ 首＋辶＋寸＝導 → 指導
⑥ ⺌＋口＋土＝堂 → 公会堂

106

95

95 熟語の読み方 月 日
足りないのはどこ（形をよく見て） 14
名前
光村5年③

足りないところを見つけて、正しく書こう。

① 飼《し》育《いく》 → 飼育
② 綿《めん》花《か》 → 綿花
③ 住《じゅう》居《きょ》 → 住居
④ 永《えい》遠《えん》 → 永遠
⑤ 持《じ》久《きゅう》走《そう》 → 持久走
⑥ 毒《どく》物《ぶつ》 → 毒物
⑦ 運《うん》営《えい》 → 運営
⑧ 防《ぼう》犯《はん》 → 防犯
⑨ 講《こう》師《し》 → 講師
⑩ 漁《りょう》師《し》 → 漁師
⑪ 精《せい》神《しん》 → 精神

107

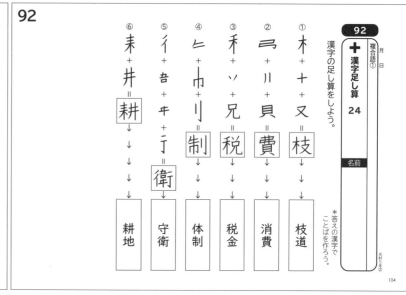

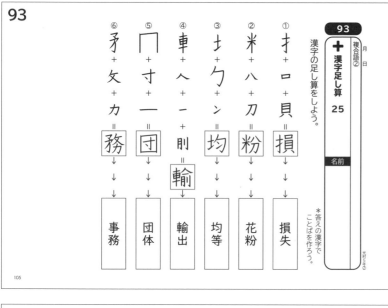

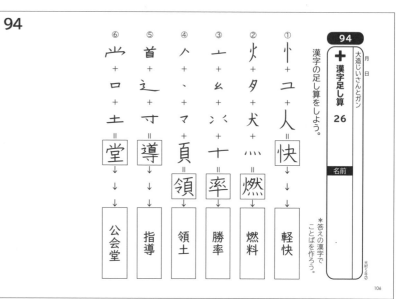

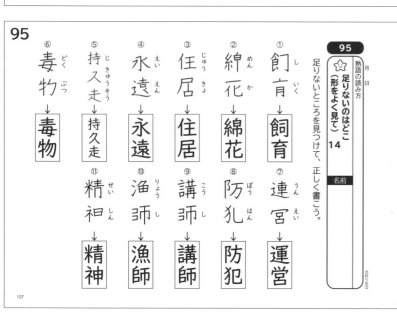

3学期の答え 96〜99

96

月　日

想像力のスイッチを入れよう／複合語①

足りないのはどこ（形をよく見て） 15

名前

足りないところを見つけて、正しく書こう。

① 習慣《しゅうかん》 → 習慣
② 周囲《しゅうい》 → 周囲
③ 利益《りえき》 → 利益
④ 災害《さいがい》 → 災害
⑤ 枝道《えだみち》 → 枝道
⑥ 消費《しょうひ》 → 消費
⑦ 税金《ぜいきん》 → 税金
⑧ 体制《たいせい》 → 体制
⑨ 守衛《しゅえい》 → 守衛
⑩ 耕地《こうち》 → 耕地
⑪ 損失《そんしつ》 → 損失

光村5年③

108

97

月　日

複合語②／大造じいさんとガン

足りないのはどこ（形をよく見て） 16

名前

足りないところを見つけて、正しく書こう。

① 花粉《かふん》 → 花粉
② 均等《きんとう》 → 均等
③ 輸出《ゆしゅつ》 → 輸出
④ 団体《だんたい》 → 団体
⑤ 事務《じむ》 → 事務
⑥ 軽快《けいかい》 → 軽快
⑦ 燃料《ねんりょう》 → 燃料
⑧ 勝率《しょうりつ》 → 勝率
⑨ 領土《りょうど》 → 領土
⑩ 指導《しどう》 → 指導
⑪ 公会堂《こうかいどう》 → 公会堂

光村5年③

109

98

月　日

熟語の読み方①

漢字を入れよう 22

名前

文を読んで、ぴったりの漢字を入れよう。

① ぼくの家では、犬とねこを［飼］っている。
② お祭りで、ふわふわの［綿］あめを買いました。
③ 大昔の、住［居］のあとが発見された。
④ 人の命は、［永］遠には続かない。
⑤ このプールで泳ぐのは、［久］しぶりだ。
⑥ 森の中で、［毒］きのこを見つける。
⑦ このお店は、元日から［営］業している。
⑧ 名たんていが、真［犯］人をつきとめた。

ヒント　綿　毒　永　営　久　犯　飼　居

光村5年④

110

99

月　日

熟語の読み方②／想像力のスイッチを入れよう

漢字を入れよう 23

名前

文を読んで、ぴったりの漢字を入れよう。

① 夏休みに、じゅくの夏期［講］習を受ける。
② おばは、中学校の教［師］をしています。
③ ご飯を食べるのもわすれて、勉強に［精］を出す。
④ ひと月たち、新しい学校生活にも［慣］れてきた。
⑤ 家族全員で、なべを［囲］んで食べた。
⑥ 会社は今年度、大きな利［益］をあげた。
⑦ 火［災］にそなえて、ひなん訓練を行う。

ヒント　囲　師　慣　益　講　災　精

光村5年④

111

100

月　日

複合語①

漢字を入れよう 24

名前

文を読んで、ぴったりの漢字を入れよう。

①太い道から、細い道が**枝**分かれしている。

②この会の年会**費**は、三千円です。

③買い物をすると、代金に消ひ**税**がかかる。

④学校に行くときは、**制**服を着ていく。

⑤夜空に、人工**衛**星が光っている。

⑥くわで畑を**耕**して、球根を植えた。

ヒント　衛　費　枝　制　耕　税

光村5年④

112

101

月　日

複合語②

漢字を入れよう 25

名前

文を読んで、ぴったりの漢字を入れよう。

①台風で、りんご農家が**損**害を受ける。

②小麦**粉**をこねて、パンを作った。

③テストの平**均**点は、八十点でした。

④日本は、外国から多くの品物を**輸**入している。

⑤あぶなくないように、集**団**で下校する。

⑥気分が悪くなり、医**務**室で手当てを受ける。

ヒント　輸　団　粉　損　均　務

光村5年④

113

102

月　日

大造じいさんとガン

漢字を入れよう 26

名前

文を読んで、ぴったりの漢字を入れよう。

①今日の運動会は、雲一つ無い**快**晴です。

②かまどの中で、メラメラと火が**燃**えている。

③ヒットを二本打ったので、打**率**が上がった。

④他の国と、**領**土の問題を話し合う。

⑤白バイが、マラソンランナーを先**導**して走る。

⑥食**堂**で、カレーライスを注文する。

ヒント　率　導　快　燃　堂　領

光村5年④

114

【監修者】

竹田　契一（たけだ　けいいち）
大阪医科薬科大学 LD センター顧問，大阪教育大学名誉教授

【著者】

村井　敏宏（むらい　としひろ）
青丹学園発達・教育支援センター フラーテル L.C.,
S.E.N.S（特別支援教育士）スーパーバイザー，言語聴覚士,
日本 LD 学会会員，日本 INREAL 研究会事務局

中尾　和人（なかお　かずひと）
小学校教諭，S.E.N.S（特別支援教育士），公認心理師,
精神保健福祉士，日本 LD 学会会員

【イラスト】　木村美穂
【表紙デザイン】　㈲ケイデザイン

通常の学級でやさしい学び支援
改訂　読み書きが苦手な子どもへの
＜漢字＞支援ワーク　光村図書５年

2024年8月初版第1刷刊	監修者	竹	田	契	一
	©著　者	村	井	敏	宏
		中	尾	和	人
	発行者	藤	原	光	政

発行所　明治図書出版株式会社
http://www.meijitosho.co.jp
（企画・校正）西野千春
〒114-0023　東京都北区滝野川7-46-1
振替00160-5-151318　電話03（5907）6640
ご注文窓口　電話03（5907）6668

＊検印省略　　　組版所 株 式 会 社 明 昌 堂

本書の無断コピーは，著作権・出版権にふれます。ご注意ください。
教材部分は，学校の授業過程での使用に限り，複製することができます。

Printed in Japan　　ISBN978-4-18-889536-8
もれなくクーポンがもらえる！読者アンケートはこちらから →

読み書きが苦手な子どもたちへ。

「ひらがなトレーニング」は、村井敏宏先生の長年にわたる、小学校ことばの教室での実践研究をベースにした教材プログラムです。このアプリが一味違うのは「子どもの言語発達」の流れに沿った難易度であり、しかも実証されたデータにも基づくわかりやすく、使いやすい教材だからです。

落ち着きがない、先生の話を聞くのが苦手、授業に集中できないなどの子どもたちでも、実際このアプリを使うと、最後まで楽しく、集中して取り組めていました。

子どもたちのヤル気を促し、教育効果の上がるゲーム感覚のアプリは今まではになかったものです。多くの方々に使っていただけたら幸いです。

大阪教育大学名誉教授
竹田契一

累計十万部の超ベストセラー
『通常の学級でやさしい学び支援』

◎シリーズ初のアプリ好評配信中

明治図書　お問い合わせ先：明治図書出版メディア事業課
〒114-0023　東京都北区滝野川 7-46-1

http://meijitosho.co.jp/app/kanatore/
e-mail: digital@meijitosho.co.jp